Konrad Harmelink

WIR vom Jahrgang 1943

Kindheit und Jugend

Wartberg Verlag

Impressum

Bildnachweis:

Archiv Konrad Harmelink: S. 4, 5, 7 o./u., 8 o./u., 10, 19; Archiv der Hannoversche Allgemeine Zeitung: S. 6; Presse-Bild-Poss, Siegsdorf: S. 13, 38; Kulturhistorisches Museum Magdeburg: S. 14 u.; Anneliese Reichel, Dillenburg: S. 16; Theodor Claas, Herborn-Seelbach: S. 17; 50er Jahre Museum Büdingen: S. 20, 48 o., 48 u., 57; Sächsische Landesbibliothek – Staats- und Universitätsbibliothek Dresden, Abt. Deutsche Fotothek: S. 21; Institut für Stadtgeschichte, S7KO/142, Kochmann: S. 23; Staatsarchiv Hamburg: S. 24, 30, 31, 51 (Nachlass Erich Andres); Georg Eurich: S. 25; Stadtarchiv Wuppertal: S. 26; Wartberg Verlag, aus einer Leseraktion mit der Hannoversche Allgemeine Zeitung (1998): S. 33; Archiv Eugen Sauter: S. 34; Hans und Sofie Krakau, Köln: S. 35; Stadtarchiv München – Rudi-Dix-Archiv: S. 37, 53; Barbara Kühn, Düsseldorf (Nachlass C. A. Stachelscheid): S. 39; Eberhard Trogisch, Baunatal: S. 42; Hans Koch, Wettenberg: S. 45; Carmen A. Stolzenberg, Hannover: S. 46 o.; Heinz Böhm, Gelsenkirchen: S. 56; Stadtarchiv Bonn (Nachlass Heinz Engels): S. 54; Barbara Dill: S. 60;
ullstein bild – ullstein bild: S. 11, 36, 43, 47, 50, 59, 61; ullstein bild – Erich Andres: S. 14 o.; ullstein bild – Fritz Eschen: S. 29; ullstein bild – Photo12: S. 55; ullstein bild – ullstein bild/Heinz Held: S 63; picture-alliance/akg: S. 12, 18, 58; picture-alliance/© dpa Report: S. 28; picture-alliance/© dpa Bildarchiv: S. 46 u.

Wir danken allen Lizenzträgern für die freundliche Abdruckgenehmigung.
In Fällen, in denen es nicht gelang, Rechtsinhaber an Abbildungen zu ermitteln, bleiben Honoraransprüche gewahrt.

13., überarbeitete Neuauflage 2017

Gestaltung und Satz: r2 | Ravenstein, Verden
Druck: Druck- und Verlagshaus Thiele & Schwarz GmbH, Kassel
Buchbinderische Verarbeitung: Buchbinderei S. R. Büge, Celle

34281 Gudensberg-Gleichen • Im Wiesental 1
Telefon: 056 03/9 30 50 • www.wartberg-verlag.de
ISBN: 978-3-8313-3043-0

Vorwort

Liebe 43er!

„Die gute Zeit fällt nicht vom Himmel …" hat Fjodor M. Dostojewskij (1821–1881) einmal gesagt. Es war in der Tat keine schöne Zeit, die der 40er-Jahre. Kinder haben dies allerdings nicht so empfunden. Sie kannten es ja nicht anders. Sie hatten trotz allem ihren Spaß, hatten ihr Lieblingsspielzeug. Und wenn es auch nur ein schmutziger und abgewetzter Teddy war. Kinder von damals vermissten keine Schokolade. Weil sie keine Schokolade kannten. Sie fürchteten Bunkernächte und lernten, ihre Ängste zu beherrschen.

Eine Zeit, die später trotz aller Probleme von Aufbruch gekennzeichnet war, vom Willen, die Verhältnisse zu verbessern, rasant zu verändern.

Wir Kinder merkten das natürlich auch. Spielten wir in den ersten Jahren mit den dreimal neu angestrichenen Holzautos, fuhr plötzlich die erste Märklin-Eisenbahn durch das Schaufenster eines Spielwarengeschäftes, vor dem wir so viele Stunden verbrachten.

Und dann die 50er-Jahre – eine Zeit des dynamischen Aufbruchs. Die Schule, in der die Prügelstrafe immer noch erlaubt war und auch angewendet wurde, machte mir nicht wirklich Freude. Das mag der eine oder andere anders erlebt haben – ich freute mich über mein selbst zusammengebautes Fahrrad und später über ein Moped. Ich freute mich über ein Wochenende mit dem Zelt. Sensationen hatte natürlich auch diese Zeit: Etwa die, dass mein Freund plötzlich einem Lloyd entstieg, einem Kleinstauto mit einer Karosserie aus Holz und einer Art Kunstleder, damals für viele der Inbegriff individueller Freiheit.

Ich wünsche Ihnen viel Spaß beim Lesen und Blättern.

Harmelink

Konrad Harmelink

Eine Welt, in die **Kinder** nicht passen

Stolz auf eine Uniform, die später verflucht wurde.

Kinder ohne Väter

Deutschland 1943 – es war nicht gerade ein menschenfreundliches Nest, in das wir Kinder hineingeboren wurden. Keine Welt für Familien. Väter starben in Stalingrad oder an einer anderen Front. Hunderttausende Kinder, gezeugt bei einem Fronturlaub von wenigen Tagen, lernten ihre Väter nie kennen. Ihnen blieb bestenfalls ein Foto, das den Vater zeigt, wie er mit Stolz auf seine Uniform in die Kamera lächelt. Für Paare, die heiraten wollten, bevor der Partner an die Front beordert wurde, verkürzte der Staat großzügig die Aufgebotszeit. Denn er hatte ein großes Interesse an der Familiengründung, allerdings nur wegen des Soldatennachwuchses. Geplant wurde auch noch 1943 immer für ein 1000-jähriges Reich.

Chronik

27. Januar 1943
Erster Luftangriff bei Tag durch die US-Luftwaffe auf Deutschland.

31. Januar 1943
Kapitulation der deutschen Truppen in Stalingrad (südlicher Kessel).

18. Februar 1943
NS-Propagandaminister Goebbels verkündet den totalen Krieg.

22. Februar 1943
Hinrichtung der Geschwister Hans und Sophie Scholl, Mitglieder der „Weißen Rose“, die Flugblätter gegen Hitler verteilt hatten.

19. April 1943
Aufstand im Warschauer Ghetto.

10. September 1943
Deutsche Truppen besetzen Rom.

19. März 1944
Das Sonderkommando Adolf Eichmann beginnt mit dem organisierten Abtransport ungarischer Juden nach Auschwitz.

12. Juni 1944
Erster V1-Einsatz gegen London.

20. Juli 1944
Auf Hitler wird ein Attentat verübt, das er überlebt.

6. September 1944
US-Einheiten überschreiten die Mosel.

16. Oktober 1944
Die Brotration wird in Deutschland um 200 Gramm auf 2225 in der Woche gesenkt.

30. April 1945
Adolf Hitler begeht Selbstmord.

7./8. Mai 1945
Der Zweite Weltkrieg ist zu Ende.

17. Juli 1945
Mit dem Potsdamer Abkommen übernehmen die drei Siegermächte USA, UdSSR, Großbritannien die Regierungsgewalt in Deutschland.

6. August 1945
Die erste Atombombe wird über Hiroshima abgeworfen. Dadurch zwingen die USA die Japaner zur Kapitulation.

Hochzeit vor dem Fronteinsatz.

Foltermühlen für Kinderseelen – Bunker und Luftschutzkeller

Im Februar 1943 hatte NS-Minister Josef Goebbels im Berliner Sportpalast unter dem Jubel der propagandistisch fanatisierten Menge zum „totalen Krieg“ aufgerufen. Heftige Luftangriffe der Alliierten auf die Zivilbevölkerung der Großstädte waren die Antwort. Sie trieben die Menschen in die Luftschutzkeller – oftmals dreimal in einer Nacht und häufiger. Eine Foltermühle für unsere Kinderseelen.

Jeder hatte damals seinen Bunkerkoffer fertig gepackt an der Wohnungstür stehen. Möglichst auch mit ein paar Lebensmitteln. Denn wie lange der Aufenthalt in einem Luftschutzkeller dauern würde, konnte vorher niemand wissen. Nicht selten versperrten Trümmer nach der Entwarnung die Ausgänge, die dann freigeschaufelt werden mussten. Oder Tote mussten

Die Idylle im Schnee trügt: Kinderspiele vor einem „Ein-Mann-Bunker".

geborgen werden: alte Menschen, die den Stress der Bombennächte oft genug aus gesundheitlichen Gründen nicht überlebten. Schockartige Todesangst nach jedem Sirenenalarm. Die Angst als ständiger Begleiter. Nach der Entwarnung fanden viele von ihrer Wohnung nur noch brennende Trümmer vor. Vor allem nach den Bombennächten der Jahre 1944/1945. Von einer Stunde zur anderen war der Besitz dieser Menschen auf das geschrumpft, was sie am Leibe trugen. Mütter mit ihren Kindern an der Hand irrten obdachlos durch die Städte.

Deutschland im Bombenhagel

Am 5. Mai 1943 wurden über Dortmund rund 100 000 Bomben abgeworfen. Es starben fast 700 Menschen. 40 000 wurden obdachlos. Viele Angriffe sollten folgen. Die Innenstadt von Dortmund gab es am Ende des Krieges nicht mehr. Zu 95 Prozent zerstört. Der Wohnraum war zu 60 Prozent vernichtet.

Nicht anders erging es anderen Großstädten. Die deutsche Luftabwehr hatte nichts mehr zu bieten. Nach einem Angriff der Alliierten am 5. November 1944 lag Frankfurt zu 45 Prozent in Schutt und Asche. 1,9 Mio. Menschen verließen bis 1944 unter dem fast täglichen Bombenhagel die Hauptstadt Berlin. Gejagt von Feuersbrünsten, die durch die Straßen fegten und alles Menschliche fraßen. Berlin wurde im Winter 1943/1944 und ab Herbst 1944 fast in jeder Nacht bombardiert. Ganze Stadtteile wie das Hansaviertel (November 1943) oder die südlich gelegene Friedrichstadt (Februar 1945) gingen in einem einzigen Angriff unter. Mit vielen tausend Todesopfern. Oder die Industriemetropole Duisburg. Die Menschen jener Ruhrgebietsstadt am rechten Rheinufer, die wegen Kohlebergbau, Hüttenindustrie, Schiffbau, Chemieproduktion und wegen des größten Binnenhafens im Deutschen Reich einen besonderen kriegsstrategischen Stellenwert hatte, erlebte von Anfang an ein Martyrium von Flächenbombardements. Am Ende gab es weite Teile von Duisburg nicht mehr. Allein in einer Nacht, in der vom 12. auf den 13. Mai 1943, wurden 96 000 Menschen obdachlos.

Der friedliche Schein trügt.

Friedliches Landleben und Chaos in den Städten

Nur noch auf dem Lande ließ sich vergleichsweise unbeeindruckt leben. Vor allem hohe Nazi-Funktionäre und Unternehmer brachten ihre Familien in der Provinz unter, die keine kriegswichtigen Ziele darstellte. Viele Menschen erlebten dort unbelastete Jahre.

In den Städten herrschte das Chaos. Kein Platz für Kinder. Es gab sie auch nicht. Zumindest nicht draußen auf den Straßen. Der Schulbetrieb war in den Großstädten meistenteils schon 1943 eingestellt worden. Die wenigen Stunden des Tages zwischen Bombenalarm und Entwarnung nutzte die Bevölkerung, die sich auffällig in erster Linie aus Frauen, alten Männern, Kriegsverletzten und Funktionären zusammensetzte, um Lebensmittel zu beschaffen. Deutschland versank in Schutt und Asche, die Menschheit litt unsäglich.

Der Verfasser im Alter von zweieinhalb Jahren vor dem ausgebombten Elternhaus in Duisburg.

Die Post brachte Todesbriefe

Weihnachten 1944. Die Stimmung in der Bevölkerung war schlecht, an der Front ebenfalls. Hinter vorgehaltener Hand wurde über das sich abzeichnende Ende spekuliert.

Viele Mütter hofften in schlaflosen Nächten, dass nicht geschah, was ansonsten an der Tagesordnung war: die Ankunft eines Telegrammes mit der

Todesnachricht: „Ihr Mann ist im tapferen Kampf für das Deutsche Reich ehrenhaft gefallen." Angehörige verschickten so genannte Todesbriefe mit schwülstigen Texten, die vorgegeben waren: „Weit von meiner Heimat musst' ich sterben, des Feindes Kugel brachte mir den Tod ..."

Ein so genannter Todesbrief.

Weihnachten ohne Butter und Eier

Weihnachten 1944. In den meisten Familien sah der Gabentisch karg aus. Es gab so gut wie nichts zu kaufen. Kinder bekamen als Geschenk Aufpoliertes aus den letzten Jahren. Alles das, was an Lebensmitteln entbehrlich war, packten Angehörige von Soldaten in Feldpostpäckchen und schickten sie an die Front. Zeitungen druckten Rezepte für Möhrenkuchen, der nach damaligen Versprechungen auch ohne Butter und Eier gelingen könne und prächtig schmecke.

Die Sendungen waren bis zu einem Gewicht von 250 Gramm portofrei. Aus Sicherheitsgründen wurde die Anschrift der Truppen mit Feldpostnummern verschlüsselt. Der genaue Standort der Truppen sollte geheim bleiben.
Bei der Beförderung wurde Tempo vorgegeben. In einer Dienstanweisung der Reichspost aus dem Jahre 1940 heißt es: „Die Aufrechterhaltung einer

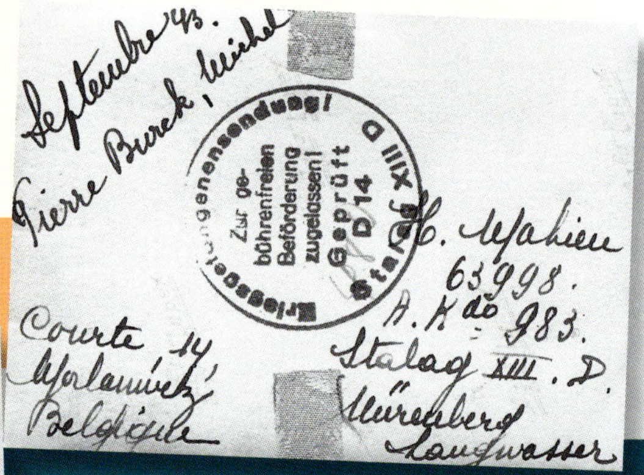

Grüße von zu Hause. Aber die Anschrift blieb aus kriegsstrategischen Gründen geheim.

Werbung für Möhrenkuchen im Feldpostpaket: ohne Ei und angeblich doch gut.

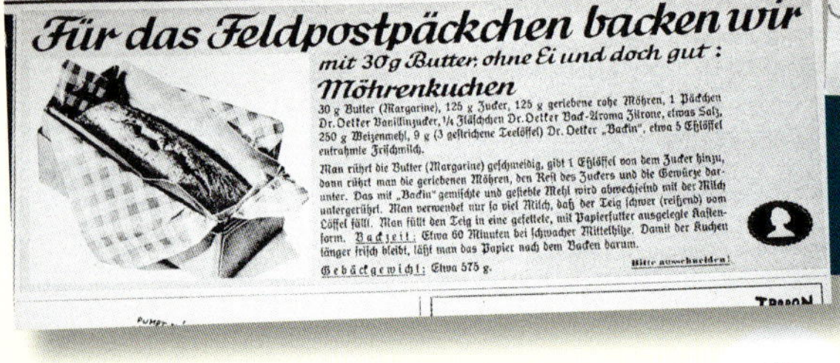

Für das Feldpostpäckchen backen wir
mit 30g Butter, ohne Ei und doch gut:

Möhrenkuchen

30 g Butter (Margarine), 125 g Zucker, 125 g geriebene rohe Möhren, 1 Päckchen Dr. Oetker Vanillinzucker, 1/4 Fläschchen Dr. Oetker Back-Aroma Zitrone, etwas Salz, 250 g Weizenmehl, 9 g (3 gestrichene Teelöffel) Dr. Oetker „Backin", etwa 5 Eßlöffel entrahmte Frischmilch.

Man rührt die Butter (Margarine) geschmeidig, gibt 1 Eßlöffel von dem Zucker hinzu, dann rührt man die geriebenen Möhren, den Rest des Zuckers und die Gewürze darunter. Das mit „Backin" gemischte und gesiebte Mehl wird abwechselnd mit der Milch untergerührt. Man verwendet nur so viel Milch, daß der Teig schwer (reißend) vom Löffel fällt. Man füllt den Teig in eine gefettete, mit Papierfutter ausgelegte Kastenform. Backzeit: Etwa 60 Minuten bei schwacher Mittelhitze. Damit der Kuchen länger frisch bleibt, läßt man das Papier nach dem Backen darum.

Gebäckgewicht: Etwa 575 g.

Bitte ausschneiden!

schnellen und sicheren Postverbindung zwischen Truppe und Heimat ist eine der Voraussetzungen für die Erhaltung der Stimmung und Schlagkraft der Truppe.“

Das Regime gegen ein Geschwisterpaar

Bei den vielen Spekulationen um den Ausgang des Krieges machte sich plötzlich Flüsterpropaganda breit über den Tod eines Geschwisterpaares, das die Nazis hingerichtet hatten: Sophie Scholl und ihr Bruder Hans. Sophie war 21 Jahre alt, Bruder Hans 24.

Zunächst Mitglied in der Hitlerjugend, wurde Hans Scholl durch den Einfluss katholischer Widerstandskämpfer und unter dem Eindruck der Kriegserlebnisse zum Gegner des nationalsozialistischen Terrorregimes und gründete zusammen mit seinem Lehrer, dem Psychologieprofessor Kurt Huber, die „Weiße Rose“.

Die studentische Widerstandsgruppe rief mit der Verteilung von Flugblättern zu Sabotage und „passivem Widerstand“ auf. Während der Verteilung von Flugblättern am 18. Februar 1943 wurden Hans und Sophie Scholl denunziert, verhaftet und zum Tode verurteilt. Vier Tage später wurden die Geschwister in München-Stadelheim hingerichtet.

Sprechende Grüße von einem Toten – per Schallplatte

Eine besondere Art der Kommunikation war der „sprechende Feldpostbrief“ mit Weihnachtsgrüßen. Verwundete Soldaten durften eine selbst besprochene Schallplatte mit Grüßen und einem Musikstück nach Hause schicken. Die Aufnahmen wurden in der Regel von Mitarbeitern des Deutschen Roten Kreuzes auf Schallfolien aus Cellulose-Acetat, so genannte Decelith-Folien, geschnitten. Manchmal wurden auch Gelatineplatten verwendet. Die Platten konnten mit der jedem Brief beigefügten Spezialnadel auf jedem Plattenspieler bzw. Grammophon mit 78 Umdrehungen pro Minute abgespielt werden. Die „sprechenden Feldpostbriefe“, die in der Regel 10 bis 14 Tage brauchten, kamen nicht selten in der Heimat an, nachdem der Absender gefallen war – als gesprochene Grüße eines Toten.

Kinder von Amts wegen entführt

Klaus war bei Pflegeeltern groß geworden. Dies hat er aber erst spät von ihnen selbst erfahren. Klaus war eigentlich auch kein gebürtiger Deutscher. Er stammte aus Polen, war dort während der Besetzung aus seiner Familie herausgerissen und als Baby entführt worden. Die ersten Jahre verbrachte er in einem Kinderheim im Schwarzwald. Als der Krieg zu Ende war, kam er nach Westdeutschland in eine Pflegefamilie und wurde von der auch adoptiert.

Die Geschichte mit der Entführung erzählten seine Pflegeeltern ihm, bevor er heiratete. Klaus hat Jahre recherchiert, seine richtigen Eltern aber nicht gefunden. Er hatte nur wenige Angaben. Amtliche Papiere gab es nicht. Es ist auch nicht ausgeschlossen, dass seine Eltern durch Kriegseinwirkungen getötet oder als Zwangsarbeiter nach Deutschland verschleppt worden waren.

Das Schicksal von Klaus war kein Einzelfall. Aus Polen, Norwegen und der Tschechoslowakei wurden nach Archivunterlagen „zur Sicherung des Fortbestandes der nationalsozialistischen Gesellschaft" über 200 000 Kinder ihren Familien entrissen und entführt – weil sie einen germanischen Eindruck machten. Darauf kam's an.

Fortentwicklung einer „Wunderwaffe", die keine Wunder schaffte: Die V4, ein aus Originalteilen nachgebautes Modell, das in Peenemünde zu besichtigen ist.

Wunderwaffe ohne Wunder

Noch bis in die letzten Kriegsmonate hinein glaubten NS-Fanatiker an den „Endsieg". Sie glaubten der Propaganda, die eine neue Wunderwaffe ankündigte. Propagandistisch wurde sie als „Vergeltungswaffe" bezeichnet. Die V1 konnte einen Gefechtskopf von ca. 850 kg tragen. Etwa 21 500 V1-Flugkörper wurden gestartet.

In den ersten drei Wochen ihres Einsatzes wurden in London 2752 Menschen getötet und 8000 verletzt. Winston Churchill ließ daraufhin am 20. Juli 170 000 Frauen und Kinder aus London evakuieren. Der Schock war schnell überwunden. Hitler-Deutschland produzierte noch leistungsstärkere Nachfolgemodelle. Die britische Luftwaffe aber hatte herausgefunden, dass sie die fliegenden Bomben durch Jäger abschießen oder durch Fesselballons vorzeitig zur Explosion bringen konnte. Dennoch gab es in London rund 35 000 Opfer.

Orden flogen auf den Müll

Das offizielle Ende des Krieges am 8. Mai 1945 wurde in der Bevölkerung gefeiert, zunächst versteckt und nicht öffentlich. Mit der Erleichterung darüber, dass der Schrecken endlich ein Ende hatte, machte sich auch Angst breit. Angst vor einer möglichen Rache der Alliierten. Es gab wüste Spekulationen, die Nahrung darin fanden, was über Ausschreitungen, insbesondere der Russen, beim Einmarsch in Berlin berichtet wurde. Es war von Vergewaltigungen die Rede, von Plünderungen und Brandschatzungen. Vielfach bittere Realität.

NSDAP-Mitglieder vernichteten schleunigst alles, was ihre Nähe zur Partei belegte. Hitler-Bilder wurden verbrannt, auch Parteibücher, Orden und Ehrenzeichen. Buchseiten mit Hakenkreuzen wurden herausgerissen, Bilder von Uniformierten aus den Familienalben entfernt. Nichts sollte im Falle von Kontrollen Verdacht erregen.

Potsdamer Konferenz teilte Deutschland

Zum Abschluss der Potsdamer Konferenz, die am 17. Juli 1945 begann, einigen sich die Siegermächte am 2. August 1945 auf einen Minimalkonsens über Deutschland im Nachkriegseuropa: Die Verwaltung Deutschlands sollte danach von den Oberbefehlshabern der Besatzungszonen jeweils eigenverantwortlich ausgeübt werden. Als oberste Instanz für gesamtdeutsche Fragen wird ein Alliierter Kontrollrat in Berlin eingerichtet.

Die Konferenz von Potsdam: Gruppenbild der „Großen drei", vorne sitzend v. l.: Attlee (GB), Truman (USA), Stalin (SU), hinten stehend: Leahy (USA), Bevin (GB), Byrnes (USA) und Molotow (SU).

Ein unendlicher Krieg

Für viele Soldaten war der Krieg 1945 zwar zu Ende. Nach Hause konnten sie trotzdem nicht. Sie blieben in der Gefangenschaft der Sieger. Von besonderer Hartnäckigkeit waren die Russen, obwohl sich im Westen immer lautere Kritik äußerte. Über Jahre war das Feilschen um die Entlassung der Kriegsgefangenen ständiges Thema auf den ersten Seiten der deutschen Tageszeitungen. Die letzten Kriegsgefangenen kamen erst zehn Jahre nach dem Krieg frei – auf Intervention von Konrad Adenauer, erster Kanzler der Bundesrepublik Deutschland.

Die Menschen schoben Kohldampf

Der Schwarzmarkt blühte. Die Menschen hatten Hunger. Lebensmittelkarten waren mit wachsender Kriegsdauer nicht einmal das Papier wert, auf das sie gedruckt waren. 1945 erhielt ein Erwachsener mit staatlichem Segen wöchentlich 125 g Fett, 250 g Fleisch und 1700 g Brot – sofern vorhanden. Oftmals gingen Frauen nach mehrstündigem Warten vor einer Ausgabestelle mit leeren Händen nach Hause. Die Regale waren ausgeräumt. Unterdessen wurden Lebensmittel oft schwarz verschoben.

Anfangs genügte eine Karte für die verschiedenen Güter, später wurden zahlreiche, auch abstruse Differenzierungen eingeführt. Es gab die Reichsbrot-, die Reichsfettkarte und viele mehr. Differenziert wurde auch bei Zeitraum und Berechtigung für Schwerarbeiter, für Fronturlauber, werdende Mütter, Kinder und Jugendliche usw.; Juden und Zwangsarbeiter erhielten stark verringerte Zuteilungen. Insgesamt nahmen die auf den Lebensmittelkarten angegebenen Mengen mit zunehmender Kriegsdauer ab. Lebensmittelkarten gab es bis zum Jahre 1950.

Gültig vom 25. August bis 14. Dezember 1941

Reichskarte 27–30
für Marmelade (wahlweise Zucker)

C

Hedwig Hoffmann
Milch und Kolonialwaren
Schöneberg
Feurigstraße 6?

Ernährungsamt Berlin

Name: Friedrich Senß
Wohnort: Berlin-Schöneberg
Straße: Feurigstraße 62

Ohne Namenseintragung ungültig – Nicht übertragbar

Der Versorgungsberechtigte kann je Zuteilungsperiode entweder 700 g Marmelade (Obstkonfitüre, Marmelade, Pflaumenmus, Obstgelee, Rübenkraut (Rübensaft) oder Obstkraut) oder 450 g Zucker beziehen. Gemäß seiner Wahl ist beim Bezuge von Marmelade der für die betreffende Zuteilungsperiode bestimmte seitwärts angebrachte Bestellschein für Marmelade – mit dem Eckenabschnitt, beim Bezuge von Zucker der entsprechende am oberen oder unteren Rand befindliche Bestellschein für Zucker ebenfalls mit dem Eckenabschnitt abzutrennen. Ein Bestellschein ohne Eckenabschnitt ist ungültig.

Die Einzelabschnitte sind zum Bezuge von Marmelade nur innerhalb des aufgedruckten Zeitraums gültig. Zucker kann bis zur Gesamtmenge von 1800 g in der Zeit vom 25. August bis 14. Dezember 1941 nach Belieben des Verbrauchers unabhängig von der Gültigkeitsdauer der Abschnitte jederzeit bezogen werden.

Ernährungsamt Berlin 27 Bestellschein für 700 g Marmelade a

27 250 g Marmelade oder 150 g Zucker a 1 25. 8.–21. 9. 41
27 250 g Marmelade oder 150 g Zucker a 2 25. 8.–21. 9. 41
27 200 g Marmelade oder 150 g Zucker a 3 25. 8.–21. 9. 41

Ernährungsamt Berlin 28 Bestellschein für 700 g Marmelade b

28 250 g Marmelade oder 150 g Zucker b 1 22. 9.–19. 10. 41
28 250 g Marmelade oder 150 g Zucker b 2 22. 9.–19. 10. 41
28 200 g Marmelade oder 150 g Zucker b 3 22. 9.–19. 10. 41

Ernährungsamt Berlin 29 Bestellschein für 700 g Marmelade c

Ernährungsamt Berlin 30 Bestellschein für 700 g Marmelade d

250 g Marmelade oder 150 g Zucker	250 g Marmelade oder 150 g Zucker	200 g Marmelade oder 150 g Zucker	250 g Marmelade oder 150 g Zucker	250 g Marmelade oder 150 g Zucker	200 g Marmelade oder 150 g Zucker
c 1	c 2	c 3	d 1	d 2	d 3
20.10.–16.11.41	20.10.–16.11.41	20.10.–16.11.41	17.11.–14.12.41	17.11.–14.12.41	17.11.–14.12.41
29	29	29	30	30	30

Eingeführt wurden Lebensmittelkarten am 27. August 1939 und bis zum 10. Januar 1950 ausgegeben.

Im Hinterhof gackerte es

Not macht erfinderisch. Wer ein Haus mit Grundstück oder auch nur einen Kleingarten hatte, der versuchte, dem Hunger durch Eigenproduktion zu entweichen. Das Prinzip: geringer Einsatz, hoher Ertrag. Hühner und Kaninchen eigneten sich besonders, weil sie anspruchslos sind. Selbst in den Hinterhöfen oder in Kellern großer Mietshäuser gackerte es. Allerdings musste man schon auf der Hut sein. Ein in dieser Zeit häufiges Kriminalitätsdelikt: Mundraub. Oftmals wurde aber nicht nur ein Huhn gestohlen, sondern der gesamte Stallinhalt. Damit war dann auch die Nachzucht nicht mehr gesichert.

Wer ein paar Quadratmeter Land unter seiner Verfügungsgewalt hatte, der versuchte sich natürlich auch im Anbau von Kartoffeln, Erbsen, Bohnen oder sogar Erdbeeren. Alte Erdbeerstauden wurden bewacht wie ein Juwel. Und wenn die Früchte reif waren, dann wurden sie ebenfalls wie ein Juwel kredenzt: nicht als Pfund-Ware, sondern einzeln. Drei Stück vielleicht – zu einem ganz besonderen Anlass.

Auch die süßen Entenküken waren nicht nur zum Spielen da, sondern kamen später auf den Tisch.

Man schuf sich
seine eigene Atmosphäre.

Weihnachtliche Wunder

Die weihnachtlichen Bescherungen der Kinder in den Kriegsjahren, aber auch noch in den fünf folgenden Jahren, waren von absoluter Armut geprägt. Es gab so gut wie nichts zu kaufen. Tatsächlich war Weihnachten damals für die Familie schon dann ein ergreifendes Erlebnis, wenn es gelungen war, einen Weihnachtsbaum zu beschaffen. Tradition war, dass die Familie zusammen Weihnachtslieder sang. Der, der ein Musikinstrument spielte und noch besaß, gab den Ton an. Kinder sagten Gedichte auf. Spartanisch die Geschenke, die dennoch begeisterten: Holzspielzeug etwa, das der Opa gehobelt und angestrichen hatte. Altes, längst vernachlässigtes Spielzeug wurde einfach restauriert, neu angestrichen und wieder funktionsfähig gemacht. Sozusagen ein weihnachtliches Wunder. Wir Kinder merkten es nicht und waren begeistert. Weihnachten war für uns trotz aller Entbehrungen ein großes Ereignis.

Eine Puppe aus Lumpen

Ist das heute noch vorstellbar? Weil es nichts, wirklich nichts gab, bastelten Mütter für ihre Töchter zu Weihnachten 1945 Puppen. Der Kopf war aus Stoff, der mit Textil- oder Strohresten auf kopfähnliche Formen aufgeblasen wurde. Manchmal hobelten auch kreative Eltern einen Puppenkopf aus Holz. Das Gesicht wurde einfach aufgemalt. Die Kleidungsstücke bestanden aus abenteuerlich bunten Fetzen irgendwelcher Stoffreste. Und dennoch: Auch als die ersten Zelluloid-Puppen auf den Markt kamen – die nach Jahren abgeschmuste Lumpenpuppe war vielen Mädchen lange die liebste.

Prominente 43er

19. Jan. ***Janis Joplin*** *(US-amerikanische Sängerin)*

24. Jan. ***Sharon Tate*** *(US-amerikanische Filmschauspielerin)*

25. Jan. ***Roy Black*** *(deutscher Schlagersänger)*

14. Feb. ***Maceo Parker*** *(US-amerikanischer Funkmusiker)*

15. Feb. ***Elke Heidenreich*** *(deutsche Autorin, Kabarettistin, Moderatorin und Journalistin)*

22. Feb. ***Horst Köhler*** *(ehem. deutscher Bundespräsident)*

25. Feb. ***George Harrison*** *(britischer Musiker, Mitglied der Beatles)*

4. März ***Lucio Dalla*** *(italienischer Cantautore rockorientierter Musik)*

26. Juli ***Mick Jagger*** *(britischer Rockmusiker u. a. Rolling Stones)*

17. Aug. ***Robert De Niro*** *(US-amerikanischer Schauspieler und Produzent)*

23. Sep. ***Julio Iglesias*** *(spanischer Sänger)*

29. Sep. ***Lech Walesa*** *(polnischer Gewerkschaftsführer und ehemaliger Staatspräsident)*

1. Okt. ***Jean-Jacques Annaud*** *(französischer Regisseur)*

5. Okt. ***Steve Miller*** *(US-amerikanischer Rockgitarrist, Boss der Steve Miller Band)*

22. Okt. ***Catherine Deneuve*** *(französische Schauspielerin)*

28. Okt. ***Cornelia Froboess*** *(deutsche Schauspielerin und Schlagersängerin)*

14. Nov. ***Jim Cantalupo*** *(US-amerikanische Chef des Restaurantkonzerns McDonald's)*

27. Nov. ***Jil Sander*** *(international bekannte deutsche Modeschöpferin)*

18. Dez. ***Keith Richards*** *(britischer Gitarrist, u.a. Rolling Stones)*

25. Dez. ***Hanna Schygulla*** *(deutsche Schauspielerin)*

Zwischen **Weihnachtswunder** und **Währungsunion**

Die Geschwister präsentieren stolz ihre Geschenke: eine Puppenstube, ein Spiel, neue Kleidung für die Puppe und Strick-Kleider von Großmutter.

Aufzugfeder steuerte Modelleisenbahn

Die Kinder von damals, sie waren nach den Mangeljahren der unmittelbaren Nachkriegszeit nicht verwöhnt und deshalb einfach zu begeistern. Es war das Weihnachtsfest 1946. Am Heiligen Abend, ein Tag, der damals ausschließlich der Familie gehörte, an dem sich die Haustüre eigentlich niemand anderem öffnete, stand plötzlich mein Freund Jürgen vor der Türe: Jürgen, der im Jahr vorher neben seiner Schule viel im Fischgeschäft seiner Eltern hatte aushelfen müssen, hatte zum Dank eine Eisenbahn bekommen.

Chronik

10. Januar 1946
Amerikaner stellen zum ersten Mal einen Radarkontakt zum Mond her: Das Funkecho benötigt 2,4 Sekunden.

27. Januar 1946
Zum ersten Mal seit 1933 finden in Deutschland (Baden-Württemberg) wieder freie Wahlen statt.

21. April 1946
In der sowjetischen Besatzungszone wird die SED gegründet.

13. Mai 1946
Die alliierte Militärregierung gibt den Befehl, alle nationalsozialistischen und militärischen Denkmäler zu zerstören, Museen zu schließen, entsprechende Bücher aus Bibliotheken und Buchhandlungen zu beseitigen.

25. Januar 1946
In Miami stirbt Al Capone im Alter von 48 Jahren.

10. März 1947
An unzähligen Detailfragen scheitert die Moskauer Konferenz – die Frage nach einem ungeteilten Deutschland wird nicht gestellt.

10. April 1947
Die USA stimmen der Absicht Frankreichs zu, das Saarland zu vereinnahmen (erst 1957 wurde das Saarland wieder ein deutsches Bundesland).

10. August 1947
Nach 73 Stunden, 5 Minuten und 11 Sekunden landet der Amerikaner P. Oclom nach einem Flug um die Erde in einem umgebauten zweimotorigen Kriegsflugzeug.

20. November 1947
In England heiratet Kronprinzessin Elisabeth Herzog Philip von Edinburgh.

10. April 1948
Ein US-Militärgericht verurteilt 14 ehemalige SS-Führer, die in führender Funktion die Vernichtung von Juden betrieben haben, zum Tode durch den Strang.

20./21. Juni 1948
Die Währungsreform tritt in Westdeutschland in Kraft.

Große Freude mit der Eisenbahn.

Eine, die per Aufzugfeder ans Fahren kam. Das war damals so etwas wie ein Nachkriegswunder. Dass die Lokomotive spätestens nach der dritten Runde auf dem kleinen Schienenoval stehen blieb, tat der Freude kaum Abbruch.

Einigen fehlte es an nichts

Es gab in Deutschland auch Menschen, denen es an nichts fehlte. Es waren die Soldaten der Besatzungsmächte. Ihre Kasernen zogen die Deutschen, die in der Nähe wohnten, magisch an. Die Soldaten hatten Zigaretten, Schokolade, Konserven, Fleisch, sie hatten Whisky – alles wertvolle Produkte für Tauschgeschäfte.

Die Amerikaner brachten uns Kaugummi („chewing gum").

Und manches Kind bekam von einem Soldaten die erste Schokolade seines Lebens. Kinder waren auch deshalb so fasziniert von den Soldaten, weil sie meist sehr freundlich und eben freigiebig waren. Sie steckten ihnen Süßigkeiten, Konserven und Milchpulver zu.

Dabei gab es ein ausdrückliches Verbot, mit der deutschen Bevölkerung zu sprechen bzw. Kontakt aufzunehmen. Bis zum August 1945 war das bei den amerikanischen GI's unter Androhung von Strafe verboten. Das Verbot hielt nicht. Besonders hatten es den Besatzern die deutschen „Fräuleins“ angetan, die abfällig oft als Ami-Bräute bezeichnet wurden. Kinder aus solchen Beziehungen wurden zu einem Problem. Das Heiraten war nicht erlaubt. Nach amerikanischem Armeebefehl brauchte ein GI die Vaterschaft eines Kindes nur zu verneinen – und war schon aller Verpflichtungen ledig.

Die GI's brachten vielen Kindern die erste Schokolade ihres Lebens.

Hausschlachtung nach dem Krieg: Zuerst verboten und mit der Sanktion belegt, dass Lebensmittelrationen gekürzt werden.

Das Schwein im Keller

Meine Eltern bastelten Nächte hindurch Kunstgewerbeartikel und tauschten sie bei Bauern gegen Eier, Schinken und Speck. Einmal gelang es meinem Opa sogar, ein kleines Ferkel mitzubringen. Es steckte in einer Einkaufstasche. Zu Hause gab es ein großes Hallo.

Das Schwein lebte nach meiner Erinnerung bestimmt zwei Jahre in einem Bretterverschlag im Keller unseres Wohnhauses. Tierquälerei in Reinkultur. Es hat niemals die Sonne gesehen, weil sonst seine Besitzer wegen schwarzer Schlachtviehhaltung erhebliche juristische Probleme bekommen hätten. Das Schwein wurde mit Küchenabfällen gefüttert und Ende der 40er-Jahre geschlachtet, was ebenfalls verboten war. Es sei denn, man hätte die Schlachtung offiziell angemeldet. Das aber hätte zur Folge gehabt, dass die Lebensmittelrationen gekürzt worden wären.

Also wurde trotz massiver Strafandrohungen schwarz geschlachtet. Wir Kinder mussten im Garten mit Stöcken auf Blecheimer und Töpfe schlagen, damit niemand das Quietschen des Schweins hörte, das gerade starb. Es dauerte Tage, bis alle Teile des Tieres verwertet waren. Im ganzen Haus stank es erbärmlich.

Hilfe per Paket aus den USA

Unzählige Menschen in Deutschland überlebten die ersten Nachkriegsjahre nur durch Millionen von Hilfspaketen, die aus den USA eingeflogen wurden. Sie kamen von der privaten amerikanischen Organisation CARE (Cooperative for American Remittances to Europa). Neben der Wirtschaftshilfe durch den Marshallplan bildeten diese Pakete einen wesentlichen Teil der amerikanischen Unterstützung. Sie enthielten Milchpulver, Butter, Käse, Corned Beef, Speck, Schokolade und vieles mehr. Vor allem Kinder aus bedürftigen Familien oder solche, die elternlos in Heimen lebten, waren die Zielgruppe. Die meisten erlebten mit den Paketen Genüsse, die sie bis dahin nicht kannten.

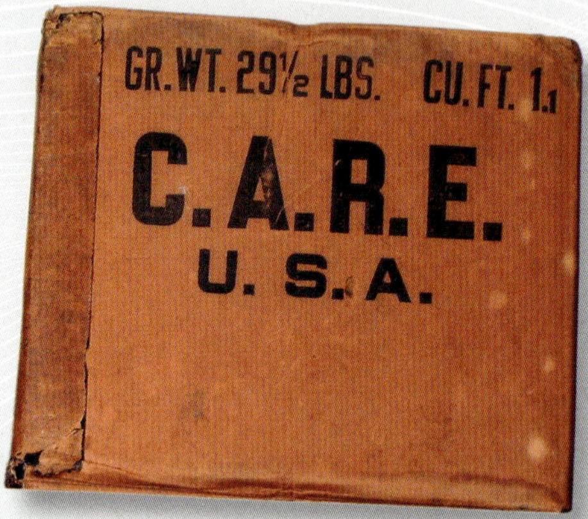

Ohne die Care-Pakete einer privaten amerikanischen Organisation hätten viele Menschen nicht überlebt.

Eingeborene von Trizonesien

Die Deutschen hatten trotz aller Not ihren Humor nicht verloren. Der heftige Streit der Alliierten um die Aufteilung Deutschlands in Zonen war beispielsweise Stoff für einen Schlager, der sich über die Verhältnisse lustig machte und in aller Munde war: „Wir sind die Eingeborenen von Trizonesien“. Nach einer Bizone, zu der die USA und Großbritannien ihre Besatzungszonen am 1. Januar 1947 zusammengelegt hatten, kam die Trizone. Die Deutschen hungerten – und sangen schon wieder. Der Schlager war das, was man einen Gassenhauer nannte.

Geburtsstunde der Trümmerfrauen

Der Krieg war kaum vorbei, da machten sich die Deutschen ans Aufräumen. Die Großstädte lagen in Schutt und Asche. Die Straßen waren oft kaum mehr zu benutzen, nicht einmal passierbar. Das war die Geburtsstunde der Trümmerfrauen, die Schutt beseitigten und Steine klopften. Zur Weiterverwendung. Die Frauen taten das nicht freiwillig. Als Lohn der Schwerstarbeit gab es Bezugsscheine für größere Lebensmittelrationen. Und ohne Lebensmittelkarten war das Überleben schwer. Frauen waren auf sich selbst angewiesen. Ehemänner, Brüder und Söhne waren oft gefallen, versehrt oder noch nicht aus der Gefangenschaft zurückgekehrt. Zahlreiche Familien bestanden lediglich aus Großeltern, Frauen und Kindern.

Nur der Schwarzmarkt florierte

Die amtlich zugeteilten Lebensmittelrationen sanken im strengen Winter 1946/1947 unter das Existenzminimum. Die Folge war eine illegale Schattenwirtschaft. Die Inflation galoppierte mit riesigen Sätzen. Ein paar Zigaretten kosteten 80 000, ein halbes Pfund Butter vielleicht 100 000 Reichsmark und später mehrere Millionen. Oftmals konnte das Geld so schnell gar nicht ausgegeben werden wie es an Wert verlor.

Auf den Schwarzmärkten herrschte deshalb ein anderes Prinzip: Es wurde getauscht. Ein paar Schuhe gegen einen Hut, ein alter Schrank gegen ein bisschen Obst aus unbekannter Quelle. Die Reichsmark hatte ihre Funktion als Zahlungsmittel längst verloren. Eine schon verlässlichere Währung waren amerikanische Zigaretten. Für Zigaretten und Whisky aus englischen oder amerikanischen Armeebeständen war so gut wie alles zu kaufen.

Der Staat ging gegen Schwarzhandel massiv vor. Menschen, die beim Tauschen nur zum Überleben erwischt wurden, wanderten sogar in den Knast. Es gab täglich Razzien.

Besonders Stadtbewohner waren für ihre Versorgung auf den Schwarzmarkt angewiesen. Devisen, Schmuck und andere Sachwerte wurden bei Hamsterfahrten über Land gegen Nahrungs- und Genussmittel getauscht. Dass eine Frau aus der Stadt ihren Pelzmantel später an einer Landwirtsfrau wiederentdeckte, war zu Hause Gesprächsthema.

Die Sache mit dem Fringsen

Die Not war groß. Die Bevölkerung hungerte – und sie fror. Joseph Kardinal Frings versicherte in seiner Silvesterpredigt im Jahre 1946 der Bevölkerung, sie dürfe in Gottes Namen ruhig auch mal Kohlen klauen. Nicht nur die Menschen in Köln schlossen den Kardinal daraufhin in ihr Herz. Denn die illegale Beschaffung von Lebensmitteln und Heizstoffen war überlebenswichtig. Ab sofort jedenfalls hieß der Kohlenklau im Volksmund „Fringsen". Von Stund an war der heilige Mann „immer dabei", wenn irgendwo Kinder oder Jugendliche am Rande einer Bahnanlage lauerten, um in einem unbeobachteten Moment einen Güterzug um ein paar Kohlestücke zu erleichtern.

Abenteuerspielplatz „Trümmerfeld".

Kinder spielten in den Ruinen

Obwohl es verboten war: Während die Mütter Steine klopften, spielten wir Kinder in den Ruinen. Ein Abenteuerspielplatz, wie man ihn sich nicht schöner vorstellen konnte – allerdings ein sehr gefährlicher. Immer wieder stürzten ganze Gebäude und Gebäudeteile ein. Überall lagen Bomben und Granaten, die nicht explodiert waren. Das Problembewusstsein war nicht besonders ausgeprägt. Blindgänger wurden meist einfach irgendwo auf einen Haufen geworfen und irgendwann von Spezialisten unter neugieriger Beobachtung von Kindern zu einem Sprengplatz gefahren. Dort wurde alles in eine Grube gekippt und zur Explosion gebracht.

Die Währungsreform – das kleine Wunder

Freudestrahlend stand meine Mutter vor mir und winkte mit 40 DM. Neugierig beäugten und befühlten wir das neue Geld. Sodann verschwand es in irgendeinem Versteck.

Stunden hatte meine Mutter an der Wechselstube anstehen müssen. Es war ein nasser Sommertag, der 20. Juni 1948. Es war auch ein Tag des kollektiven Aufatmens. Die Deutsche Mark war ab sofort gesetzliches Zahlungsmittel – und schaffte noch an diesem Tag, einem Sonntag, das erste Wunder: Über Nacht hatten sich die Schaufenster der Geschäfte, in denen es vorher so gut wie nichts gab, gefüllt. Alles war vorher eben mit Blick auf die Währungsreform gezielt zurückgehalten worden.

Jeder Einwohner der Westzone bekam an jenem 20. Juni gegen Einzahlung von 40 Reichsmark 40 DM, einige Monate später gab es weitere 20 DM. Nur wer glaubhaft versichern konnte, dass er über kein Geld verfügte, bekam die DM auch ohne Vorleistung.

Der 20. Juni war allerdings nicht nur ein Tag der Freude. Spareinlagen und Guthaben wurden im Verhältnis 100 RM zu 6,50 DM eingetauscht. Die kleinen Sparer verloren dadurch fast alles; Aktien-, Fabrik- und Grundstücksbesitzer hingegen fast nichts.

Für uns wie ein Wunder: prall gefüllte Regale in den Geschäften.

Angst vor einem neuen Krieg

Als Kinder bekamen wir nur die Aufregung mit, helle Aufregung. Erneute Kriegsangst verbreitete sich. Die Sowjets warfen den West-Alliierten vor, Deutschland mit der Währungsreform gespalten zu haben. Der Kalte Krieg begann. Die Banknotentransporte nach Berlin sollten unterbunden werden. Die Sowjetunion reagierte mit einer eigenen Währungsreform in der sowjetisch besetzten Zone und riegelte am 24. Juni 1948 alle Land- und Wasserverbindungen von und nach Berlin ab.

Um die 2,1 Millionen Westberliner dennoch mit dem Nötigsten zu versorgen, organisierten die Amerikaner mit einem ungeheuren organisatorischen Kraftakt eine Luftbrücke. Alles, was zum Leben in dieser Stadt nötig war, wurde per Flugzeug eingeflogen. Die Blockade dauerte bis zum 12. Mai 1949.

Der Sport begann wieder zu leben

So groß das Chaos war, ganz langsam normalisierte sich das Leben. Viele Vereine, die unter Hitler verboten oder freiwillig aufgelöst worden waren, wurden neu gegründet. Insbesondere der Sport lebte langsam wieder auf. Zwar gab es kaum Sportgeräte und kaum Trainingsmöglichkeiten, aber die Menschen lernten zu improvisieren. Fußball wurde auf besseren Äckern gespielt, auf denen heutige Profis nicht einmal ihr Training absolvieren würden. Am 8. August 1948 gab es bereits ein Endspiel um die deutsche Fußballmeisterschaft, der ersten nach dem Krieg. In Köln traten vor sage und schreibe 70 000 Zuschauern der 1. FC Nürnberg und der 1. FC Kaiserslautern gegeneinander an. Nürnberg gewann 2:1 und wurde damit zum siebten Male deutscher Meister. Bei Kaiserslautern spielte – noch etwas unscheinbar – ein gewisser Fritz Walter mit. Er wurde später Spielführer der deutschen Nationalmannschaft.

Die Oma, die den Fußball „strickte"

Die Jungs hatten nur ein Hobby: Fußball. Es gab aber keine Bälle. Die Kinder spielten Fußball mit Steinen, Holzstücken oder mit Blechbüchsen. Alles, was halbwegs zu rollen in der Lage war, wurde als Ball adoptiert. Mütter sahen das oftmals gar nicht gerne. Denn die Schuhe litten. Es gab Schuhe, die nur für den Schulbesuch reserviert waren.

Alles drehte sich um den Fußball. Trikots und Fußballschuhe – so etwas gab's damals nicht.

Die Helden unter unseren Freunden waren die, die auf eine Oma zurückgreifen konnten, die unsere Not erkannte: Oma bastelte Fußbälle aus Stoff: Eine Kugel aus dem Polstermaterial ausgeschlachteter Sofas und Sessel, die es reichlich gab, wurde mit Stofffetzen umnäht. Fertig. Das meiste Lob bekamen die Omas, die ein halbwegs rundes Ding hinbekamen. Leider hielten diese Bälle nur zwei bis drei „Spieltage". Weil so schnell Nachschub nicht zu besorgen war, kabbelte sich die Straßenliga weiterhin um Blechbüchsen.

Mädchenerziehung für die Mutterfunktion

Was bei den Jungs die elektrische Eisenbahn, das war bei den Mädchen der Puppenwagen. Jungs wurden mit traditioneller Rollenverteilung zu Männern erzogen, Mädchen zu Müttern. So gab es Puppenkinderwagen, die sich von ihrer Gestaltung immer auf der Höhe dessen bewegten, was gerade so an richtigen Kinderwagen angesagt war. In den Puppenkinderwagen lagen Puppenkinder mit wenig kinderähnlichen Gesichtern. Komische Münder, genauso komische Augen. Die Körperglieder waren mit dem Rumpf durch Gummis verbunden, die oftmals rissen.

Über Stock und Stein in einer Welt aus Trümmern: Mädchen mit Puppenwagen.

Dann war die Not groß. Tränen flossen, bis sich endlich jemand von den Erwachsenen als Puppendoktor an die Behebung der Amputation herangemacht hat.

Die Puppen von damals hatten natürlich auch keine Haare. Dafür konnten sie auch besser gebadet werden. Und gekämmt hat sie meine Schwester auch ohne Haare. Kein Mädchen ohne Puppe, kein Mädchen ohne Puppenwagen. Die Industrie gab folgerichtig Gas. Bald schon konnte jede Puppe, legte man sie auf den Bauch, ein quäkendes „Mama“ absondern, was als Mama nur verstanden wurde, weil die Phonetik nichts anderes zuließ. Bald bekamen sie dann auch reichlich steife Kunsthaare. Meine Schwester blieb bei einem abgeschmusten Stoffteil aus ihren ersten Kinderjahren.

Die Liesel, die mit Vornamen Strick heißt

Die Dinge waren simpel, mit denen sich Kinder in dieser Zeit vergnügten: die Strickliesel beispielsweise, auf die Mädchen ganz wild waren. Es handelte sich um eine übergroße Garnrolle. An einem Ende wurden vier Nägel eingeschlagen. Um die wurden nach einem ganz bestimmten Prinzip Wollfäden geflochten, die als Strickwurst am anderen Ende des Garnrolle-Lochs herauskamen.

Das hat auch Jungs fasziniert, obwohl man mit den langen Würsten so gut wie nichts anfangen konnte. Sie wurden wieder „aufgeribbelt“, wie es damals hieß. Und das Ganze begann von vorne.

Die Teilung verfestigt sich – Ein zweiter deutscher Staat

Als Folge des Kalten Krieges zwischen Ost und West schritt auch die politische Teilung Deutschlands voran. Mit den „Frankfurter Dokumenten“ forderten die Westmächte die Ministerpräsidenten der 1946/1947 gegründeten Länder am 1. Juli 1948 auf, mit der Einberufung einer verfassungsgebenden Versammlung die Gründung eines westdeutschen Staates einzuleiten. Das Grundgesetz trat am 24. Mai 1949 in Kraft. In der Sowjetischen Besatzungszone wurde mit Datum vom 7. Oktober 1949 die damalige Deutsche Demokratische Republik (DDR) gegründet.

Karneval war wichtiger als Brot und Wasser

Tünnes und Schäl beim
Kölner Rosenmontagsumzug 1949.

Die Jecken sind wieder da

Unglaublich: Die Not war groß. Es gab eine extreme Wohnungsnot und Hunger. Es gab Lebensmittelkarten, weil bestimmte Artikel immer noch zwangsverwaltet wurden. Dessen ungeachtet entwickelte sich die deutsche Tradition des Karnevals, der während der Kriegsjahre verboten war, wieder neu. Das Jahr 1949 verzeichnete eine ganze Reihe von Neugründungen, insbesondere im rheinischen Raum. Dort kommentierten Karnevalisten die Wiederbelebung ihrer Aktivitäten so: Karneval sei fürs Überleben wichtiger als Brot und Wasser.

Chronik

4. April 1949
Die NATO wird gegründet.

12. Mai 1949
Berlin feiert das Ende der Blockade; Europa atmet auf.

14. August 1949
CDU/CSU gewinnen mit 31 Prozent knapp die erste Bundestagswahl vor der SPD mit 29,2 Prozent. 18 Parteien waren angetreten.

7. September 1949
Konrad Adenauer (CDU) wird im Alter von 73 Jahren zum ersten Kanzler gewählt.

7. Oktober 1949
Die DDR wird gegründet.

6. Juli 1950
Polen und die DDR erkennen die Oder-Neiße-Linie als neue „Friedensgrenze" an.

August 1950
Angesichts des Korea-Krieges werden erste Überlegungen für eine deutsche Wiederbewaffnung bekannt.

Dezember 1950
Der Korea-Krieg hat sich nach Einschaltung von China verschärft. Die USA erhöhen die Mobilmachung von 2,5 auf 3,5 Millionen Soldaten.

6. März 1951
Erste Lockerungen des Besatzungsstatus: Die Bundesrepublik kann ein Außenministerium einrichten.

18. April 1951
Mit der Unterzeichnung der Montanunion (Europäische Gemeinschaft für Kohle und Stahl, EKGS) beginnt die europäische Einigung.

7. Juli 1951
Erste Farbfernsehübertragung in den Vereinigten Staaten.

3. Dezember 1952
Der Kalte Krieg ist heftig: Konflikte im Vorfeld von Verhandlungen sorgen dafür, dass die gemeinsame Mannschaft mit der DDR im Olympiajahr 1952 zerbricht.

25. Dezember 1952
Das Deutsche Fernsehen nimmt den regelmäßigen Fernsehbetrieb auf.

Meist gab es nicht mehr als eine dünne Suppe.

Immer noch hungerten wir Kinder

In Deutschland herrschte Hunger. Auch noch Jahre nach dem Krieg. Nach der Währungsreform gab's zwar vieles, was vorher nur vom Namen her bekannt war, wieder zu kaufen. Viele Familien konnten sich aber selbst Grundnahrungsmittel nicht leisten. In meiner Familie gab es keine Butter, schon gar keinen Aufschnitt. Als Köstlichkeit auf dem Brot galt Margarine, einfach nur ein Brot mit Margarine. Das Größte war kurz nach dem Krieg ein Brot mit Margarine und Zucker obendrauf. Oder Rübenkraut. Viele Kinder lernten Milch nicht als ein natürliches Produkt von Kühen kennen, sondern als chemisch behandeltes Pulver. Als Milchpulver.

In Reih und Glied mit dem Henkelmann zur Schulspeisung.

Eine Suppe zum Überleben

Im ersten Jahr meines Schulbesuches (1949) durchzog das Schulgebäude spätestens um 9 Uhr morgens ein unangenehmer Essensgeruch. In riesigen Bottichen im Keller der Schule richtete der Hausmeister allmorgendlich eine schon durch ihre Eintönigkeit geschmacksmäßig nicht besonders überzeugende Suppe an, die in der großen Pause verteilt wurde und nur den Zweck hatte, das Überleben zu sichern. Kinder traten mit dem Henkelmann, einem Blechgefäß, zur Essensausgabe an. Die Suppe war kostenlos.

Die Schulspeisung wurde mit Geld der Alliierten finanziert. Auch meine Mutter gab mir einen Henkelmann mit und bat mich tagtäglich beim Abschied an der Haustüre inständig, zur Entlastung des angespannten Familienbudgets zur Schulspeisung zu gehen. Ich sagte ja – und tat es nicht. Manchmal stellte ich mich an in der Schlange der wartenden Mitschüler – und schüttete die Suppe anschließend in die Toilette. Sie mag mit allen nötigen Nährstoffen versetzt gewesen sein; ich mochte sie schon allein wegen des Geruchs nicht.

Immer häufiger nach der Währungsreform blieb von den riesigen Mengen an Suppe immer mehr über. Die Kinder, denen es nicht so gut ging, nahmen in Milcheimern für zu Hause mit, was übrig blieb. Ganze Familien lebten so von der Schulspeisung.

Erziehung mit dem Lineal

An den öffentlichen Gebäuden, insbesondere an den Schulen, war die Not der Nachkriegszeit am ehesten abzulesen: graue, triste Gebäude, eher abstoßend als anziehend. In den Großstädten gab's kaum ein öffentliches Gebäude, das nicht die Spuren von Granatsplittern oder die von Schusswechseln trug. Als Kinder haben wir damals darüber viel gesprochen und gerätselt, bekamen aber in der Regel keine Antworten.

Als Folge der Raumnot und des Mangels an Lehrkräften waren die Klassen 40 bis 60 Kinder groß. Das Lehrerkollegium war autoritär. Der Klassenlehrer schlug schon im ersten Schuljahr mit einem langen, hölzernen Lineal auf uns Sechsjährige ein, zog uns an den Ohren, beschimpfte uns. Eine schreckliche Zeit. Die Lehrer (Lehrerinnen gab es so gut wie nicht), die eigentlich hätten kuriert sein sollen von dem, was hinter ihnen und uns lag, trugen die Sendbotschaft eines autoritären Staates mit stolz geschwellter Brust weiter vor sich her: Befehl und Gehorsam.

Große Klassen und absoluter Gehorsam kennzeichneten das Schulleben von damals.

Ein Frühstück, das Narben hinterließ

1952 wurde die Schulspeisung bei uns auf das so genannte Milchfrühstück umgestellt. Angeblich gab es kein Geld der Alliierten mehr. Die Eltern zahlten für Milch und Kakao selbst – einmal in der Woche. Nur noch finanziell besonders minderbemittelte Kinder bekamen das Getränk in der großen Pause kostenlos. Es war für mich beschämend, wenn ich mich jede Woche, als das Milchgeld eingesammelt wurde, als das Kind erklären musste, das wegen Armut nicht bezahlen brauchte. Sticheleien bei Mitschülerinnen und Mitschülern gab's als Folge. Das hinterließ Narben.

Schallplattenspieler als Luxus

Als einer der ersten Luxusartikel des beginnenden Wirtschaftswunders zogen Schallplattenspieler in die Wohnstuben ein, die freilich auch 1950 noch keineswegs eine Selbstverständlichkeit waren. Technisch fortgeschritten war das Gerät, wenn es zehn Platten auf einmal laden konnte, die einzeln deutlich hörbar alle paar Minuten auf den Abspielteller krachten. 1950 hatte die Schallplatte aus Schellack einen Durchmesser von 30 cm und zwei Seiten, die bei 78 Umdrehungen in der Minute zweimal zehn Minuten Musik lieferten.

Im Jahre 1953 reduzierte sich der Durchmesser der Schallplatte. Nur noch 17 cm. Kein Schellack mehr, sondern Kunststoff. Und auf den kleineren Platten, die nur noch 45 Umdrehungen machten, gab's zweimal zehn Minuten Musik.

In den 50er-Jahren bot die Möbelindustrie gelackte Schränke, die zum Schallplattenspieler auch noch das Schwarz-Weiß-Fernsehgerät kombinierten. Ein Schmuckstück in der gutbürgerlichen Wohnung, das Eindruck machte, weil jeder wusste, wie teuer eine solche Anlage war. Damals für Normalverdiener kaum erschwinglich.

Mit geschultertem Spaten zur Gartenarbeit

Der Naturkundelehrer, ein alter Nazi, ließ uns im vierten Jahrgang, also mit etwa zehn Jahren, zur Gartenarbeit mit geschultertem Spaten antreten. Wie beim NS-Arbeitsdienst. Im Gleichschritt hatten wir zum Schulgarten zu marschieren. Eine Stunde Umgraben. Der Lehrer, der von dem Garten ein Stück privat nutzte, weil es seinerzeit keinen anderen Verwendungszweck gab, lief wie ein militärischer Befehlshaber auf und ab und achtete darauf, dass niemand von uns redete.

So war's. Merkwürdige Zeiten. Die alten Nazis waren wieder in Verantwortung. Sie erzogen unsere Generation. Klassenpflegschaften und Vertrauenslehrer gab es nicht. Die Bürokratie lenkte damals den Staat bis hin in letzte Gliederungen. Widersprüche waren vom Staatsprinzip her nicht vorgesehen. Lehrer hatten sowieso immer Recht.

Viele Köpfe unter einem Dach

Wir bewohnten ein Einfamilienhaus im Duisburger Süden. Was heißt „wir"? Meine Familie war ausgebombt worden. Meine Mutter schlüpfte deshalb mit ihrem Anhang bei ihren Eltern unter. Da wohnte bereits deren Schwester – mit zwei Kindern und Ehemann. In dem kleinen Häuschen war es ziemlich eng. Ich schlief zeitweise zusammen mit meiner Großmutter und meiner Mutter in einem Doppelbett. Meine jüngere Schwester hatte ihren Platz unmittelbar daneben in einem Kinderbett. Alles in einem Raum.

Im Winter war es kalt in diesem Zimmer, eiskalt. Eine Zentralheizung gab es nicht. Auch nicht für die Toilette. Regelmäßig setzte sich meine Großmutter hin und zerteilte mit einem großen Messer Zeitungsseiten. Das Papier hing auf einem Haken in der Toilette. Toilettenpapier eben.

Beheizt wurden in diesem Haus nur die Wohnzimmer. Mit eisernen Öfchen, die mit Kohle und Briketts, die im Keller lagerten, gefüttert wurden.

Küchen waren damals Multifunktionsräume: zum Kochen, Wäschetrocknen am Kohleherd und zur Kinderbeaufsichtigung.

Weil es zu teuer war, die Öfen die ganze Nacht hindurch zu heizen, wurde das Feuer am frühen Abend heruntergefahren, aber nur so, dass am nächsten Morgen noch Glut vorhanden war. Das ersparte den aufwändigen Vorgang, das Feuer neu zu entfachen. Es war schon eine Kunst, mit diesen Öfen umzugehen.

Sieben Erwachsene und vier Kinder lebten in einer Art Notgemeinschaft auf vielleicht 100 Quadratmetern. Aber der Hinweis darauf, dass man froh sein müsse, überhaupt ein „Dach über dem Kopf" zu haben, ließ Unzufriedenheit erst gar nicht aufkommen. Zigtausende Menschen waren auf der Suche nach einer Wohnung. Die katastrophale Situation war auch politisch das größte Problem dieser Zeit.

Wir Kinder fühlten uns durchaus wohl. Wir kannten es ja auch gar nicht anders. Vermissten deshalb auch nicht das eigene Kinderzimmer. Das hatte in meinem Freundeskreis ohnehin niemand.

Samstags war Badetag

Unser Haus hatte kein Badezimmer. Der Vorort auch kein öffentliches Bad. Also wurde unter großer Beteiligung aller Hausbewohner die Zinkwanne aus dem Keller geholt. Im Winter spielte sich der Badetag wegen des Ofens im Wohnzimmer ab, im Sommer in der Küche oder draußen. Irgendjemand erhitzte auf dem Kohleherd in der Küche Wasser und schleppte es an. Nie gab's eigentlich die richtige Temperatur. Alle vier Kinder des Hauses mussten natürlich im selben Wasser baden. Zum Aufwärmen wurde bestenfalls dann und wann ein Kessel heißes Wasser nachgefüllt. Auf der Oberfläche setzte sich schon nach dem ersten Waschgang ein weißer Film der damals gebräuchlichen Kernseife ab.

Einmal in der Woche war für uns Kinder Badetag.

… und einmal im Monat Waschtag

Einmal im Monat gab's einen weiteren Waschtag, an dem in einem höchst umständlichen Verfahren die Wäsche aller Hausbewohner gewaschen wurde. Im Keller des Hauses wurde erst einmal am Tag vorher in einer großen Steinbadewanne die Wäsche eingeweicht und unter Beigabe von Kernseife nach ein paar Stunden mit einem hölzernen Gegenstand, der einem überdimensionalen Löffel glich, bearbeitet. Besonders schmutzige Wäsche wurde mit erheblichem körperlichem Aufwand auf einem Waschbrett geschrubbt. Die so vorbehandelte Wäsche kam dann in eine hölzerne Waschmaschine, die durch Wasserdruck betrieben wurde. Es zischte und spritzte überall aus der Mechanik. Oft sprang ein Wasserschlauch ab. Und die Maschine blieb stehen. Waschen war damals harte Arbeit. Elektrische Waschmaschinen, die nach einem Knopfdruck alles alleine machten, gab es nicht. Waschtag war meist Montag. Es war ein ungemütlicher Tag. Im Winter hingen alle Kellerräume tagelang voller nasser Wäsche zum Trocknen. Im Sommer passierte das im Garten. Große, weiße Betttücher wurden zum Bleichen auf dem Rasen ausgebreitet. Das behinderte uns Kinder erheblich beim Spielen. Und nicht selten bekamen wir Ärger, wenn wir wieder einmal die gerade gewaschene Wäsche mit schmutzigen Händen angefasst hatten.

Jungs trugen Lederhosen und fuhren Tretroller, Mädchen trugen Kleider und liebten ihre Puppen.

Gestrickt, geflickt, zusammengeschustert

Mit Wäsche wurde wegen des großen Aufwandes beim Waschen sparsam umgegangen. Wir Jungs trugen ohnehin den ganzen Sommer über kurze Lederhosen, die mit uns wuchsen. Je blanker sie wurden, je besser.

Alle anderen Kleidungsstücke waren von meiner Mutter entweder aus irgendwelchen alten Teilen neu zusammengenäht oder mit aufgeribbelter, alter Wolle gestrickt worden.

Mädchen trugen übrigens damals auch Hosen, vor allem im Winter – allerdings mit einem Rock darüber. Alles andere wurde nicht gerne gesehen, verstieß gegen die verstaubten Sitten der Zeit.

Die nackte Hilde – der erste Filmskandal

Eine Frau liegt nackt auf einer Liege und lässt sich von ihrem Geliebten malen. Eine Sekunden-Szene, die in unserer Zeit niemanden erregen würde. 1951 lieferte sie den Stoff für den ersten Filmskandal. Der Film hieß „Die Sünderin". Hauptdarstellerin war Hildegard Knef. Die Menschen waren prüde. Die katholische Kirche warnte vor dem „Schundfilm". Kino, das war damals der Inbegriff der Unterhaltung schlechthin. Jeder neue der vergleichsweise wenigen Filme, die auf den Markt kamen, wurde intensiv diskutiert – auch in den Tageszeitungen.

Hildegard Knef sorgte in „Die Sünderin" für Aufregung.

Fußball zwischen Arbeit und Schule

Mein Freund war Jürgen, dessen Eltern Anfang der 50er-Jahre ein Fischgeschäft gründeten. Da gab's zwar keinen Lachs, sondern nur das, was aus der Nordsee gefischt und – in Ermangelung von heute üblichen, elektrisch betriebenen

Elektrisch betriebene Kühlschränke gab es so gut wie nicht, verderbliche Ware wurde auf Stangeneis gelagert, so kühlten Kneipen auch ihre Getränke.

Kühl-Lkw – in Kühlwagen mit Stangeneis über mehrere hundert Kilometer herangekarrt wurde. Aber sie waren erfolgreich damit. Neben dem Geschäft fuhren sie mit einem Dreirad durch Siedlungen. Und bald gab's auch die erste Filiale.

Jürgen musste dort häufig helfen. Wenn er aber zwischen Schule und Geschäft Freizeit hatte, ging's nur um Fußball. Er war geradezu verrückt auf Fußball und hatte immer irgendwoher eine Blechdose als Ball zur Verfügung. Kleiderschonend war das nicht gerade. Oftmals bekam ich im Nachgang Ärger mit meiner Mutter. Auch deshalb, weil sich Nachbarn über uns beschwerten, wenn beim Bolzen Bälle in Vorgärten geschossen wurden. In solchen Fällen gab's Fußballverbot.

Hinkeln mit den Mädchen

In unserer Freizeit fuhren wir häufig mit dem Roller, bemalten mit Porzellanscherben oder Mauerresten als eine Art Vorreiter der Graffiti-Bewegung die Straßen, spielten Hinkeln bei den Mädchen oder dachten uns irgendeinen Schabernack aus. Besonders beliebt war „Klingelmännchen". Wir schellten an irgendwelchen Haustüren und rannten weg. Aus sicherer Entfernung beobachteten wir dann, wie die Erwachsenen reagierten. Als sich die Haustüren nicht mehr öffneten, weil jeder schon wusste, dass wir wieder einmal unterwegs waren, kultivierten wir den Streich. Von der Weißdornhecke in unserem Garten brachen wir Dornen ab. Die steckten wir so neben den Klingelknopf, dass er gedrückt blieb. Der Erfolg war umwerfend. Er versöhnte uns mit mancher Ohrfeige, die wir uns auch einhandelten.

Das erste Fahrrad aus Schrott

Anfang der 50er-Jahre kam Abwechslung in meinen Kinderalltag. Bei einem Sommerurlaub bei einer Tante entdeckte ich auf dem Dachboden mehrere uralte Fahrräder, die alle nicht mehr einsetzbar waren, weil irgendetwas an jedem Rad defekt war oder fehlte.

Meine Tante sah in diesen Rädern nur Schrott. Ich aber bastelte zwei Wochen, bis ich aus Einzelteilen am Ende ein funktionierendes Fahrrad zusammengebaut hatte. Das hatte natürlich keine Gangschaltung. Auch keine Lampe. Aber die Bremse funktionierte. Ich habe dieses Rad über alles geliebt. Die meisten Kinder hatten solche alten Räder. Keine Kinderräder, sondern Räder für Erwachsene. Sie waren manchmal viel zu groß. Kinder schafften es nicht einmal in den Sattel. Geradezu akrobatische Fähigkeiten verlangten die Herrenräder mit der hinderlichen Querstange des Rahmens: Unter der Stange her wurden die Pedale getreten. Das war zwar wenig verkehrssicher. Aber es gab auch nicht so viele Autos.

Eine große Schwester machte das Fahrradfahrenlernen leichter.

Gewichtszunahme und Mittagsruhe im Erholungsheim

Obwohl es wieder fast alles zu kaufen gab – vielen Familien fehlte einfach das Geld dazu. Kinder hatten deshalb Mangelerscheinungen. Sie waren hager und untergewichtig, von den Kriegsjahren gekennzeichnet. Deshalb finanzierten ihnen Krankenkassen oder in- und ausländische Organisationen Ferienaufenthalte. Was die Kinderlandverschickung der Kriegsjahre war, war der Erholungsaufenthalt an der Nordsee, im Westerwald oder sogar im Ausland.

Die Kinder reisten mit einem Pappschild um den Hals, auf dem Namen, Ziel und Heimatadresse angegeben waren, in Sammeltransporten mit der Bahn. Man fuhr „in Erholung", wie es damals hieß. Für drei, vier oder gar sechs Wochen.

Ziel: chronische Krankheiten auszukurieren und vor allem Gewichtszunahme zu erzielen. Täglich kamen die Kinder auf die Waage. Und pingelig wurde jeder Fortschritt in einer Liste festgehalten. Mittagsruhe war selbstverständlich, frühes Ins-Bett-Gehen auch. Kinderheime hatten riesige Schlafsäle, in denen 20 und noch mehr Betten standen.

Mit Pappschildern zur Identifizierung um den Hals ging's zum Erholungsaufenthalt. Gewichtszunahme war Pflicht.

1953–1956

Der Traum vom mobilen Leben

Die Fremden in der Turnhalle

„Sport fällt aus." Handschriftliches Schild an der Turnhalle unserer Schule. Niemand klärte uns auf. Wir aber stellten fest, dass es plötzlich Menschen auf dem Schulhof gab, die so ganz und gar nicht zu uns passten: ältere, verhärmte Menschen, die es eilig hatten, die niemanden grüßten, die zu uns keinen Kontakt suchten. Das war augenfällig.

Der Hintergrund: Deutschland nahm hunderttausende von Flüchtlingen und Heimatvertriebenen auf. Der Arbeitsmarkt hatte damit kein Problem. Die Wirtschaft boomte. Nur der Wohnungsbau hinkte deutlich hinterher. Er kam einfach nicht mit. So wurde denn unsere Turnhalle in einer Höhe von vielleicht 2,50 Meter kreuz und quer mit Stricken durchzogen. Daran wurden Wolldecken aufgehängt. Und mit diesen Decken wurden kleine, abgeschlossene Wohneinheiten improvisiert. Es mögen 100 oder sogar 200 Menschen gewesen sein, die in unserer Sporthalle lebten. Jeder konnte jeden in dieser Halle hören. Notquartiere halt. Ein schlimmer Zustand über Jahre.

Arbeitsdienst vor dem Punktspiel

Wir Kinder suchten nicht nur Zeitvertreib, wir stürzten uns mit großer Begeisterung in irgendwelche Sportvereine, die überall mit dem Neuaufbau befasst waren, viele Pläne hatten und überall an die Grenzen des Machbaren stießen. Dass der Medizinball, ein überdimensionales Ding, mit dem wir Völkerball spielten, geplatzte Nähte aufwies, war nicht schlimm – wir behoben den Schaden nach dem Training. Und die ebenfalls aufgeplatzte Trainingsmatte? Weil nichts zu erwarten war von irgendeiner Seite, wurde auch die von uns in Handarbeit und mit großem Einsatz repariert.

Es war halt eine ganz andere Zeit. Niemand fragte, wann denn wohl die Schlaglöcher auf dem städtischen Sportplatz beseitigt werden würden. Vor dem samstäglichen Punktspiel in der Kreisliga im Feldhandball gab's einen Arbeitsdienst. Und wer dazu nicht antrat und kräftig mithalf, wurde vom Trainer für das folgende Spiel gar nicht erst aufgestellt.

Chronik

März 1953
Der Flüchtlingsstrom aus der DDR nimmt zu. Allein in diesem Monat verlassen 58 000 Menschen ihre Heimat.

17. Juni 1953
Der Arbeiteraufstand in der DDR wird blutig niedergeschlagen.

6. September 1953
Adenauer siegt mit CDU/CSU bei der zweiten Bundestagswahl und bildet zusammen mit der FDP und anderen Parteien eine Regierungskoalition.

1. Mai 1954
Zum Tag der Arbeit fordern die Gewerkschaften die Fünftagewoche. Die wöchentliche Arbeitszeit liegt bei 49 Stunden und höher.

4. Juli 1954
Deutschland wird Fußballweltmeister.

23. Oktober 1954
Auf der Pariser Konferenz der 14 NATO-Staaten wird Deutschland zum Beitritt in das westliche Militärbündnis eingeladen.

1. März 1955
Die Lufthansa nimmt ihren Flugverkehr auf Teilstrecken mit britischen Piloten und deutscher Crew auf.

5. Mai 1955
Der Deutschlandvertrag tritt in Kraft, für die Bundesrepublik endet damit die Besatzungsherrschaft.

31. Dezember 1955
Das für Deutschland erfolgreichste Wirtschaftsjahr geht zu Ende: In der Stahlproduktion ist der dritte Platz erreicht, hinter den USA und der Sowjetunion.

20. Januar 1956
Bundeskanzler Adenauer begrüßt die ersten Soldaten der neuen Bundeswehr.

17. August 1956
Das Bundesverfassungsgericht verbietet die Kommunistische Partei Deutschlands (KPD).

31. Dezember 1956
Die Autoindustrie boomt. Trotzdem hat erst jeder 25. Bundesbürger ein eigenes Auto.

Mit dem Fahrrad zum Auswärtsspiel

Improvisation war alles. Wie beispielsweise hätte unsere Mannschaft zum Auswärtsspiel in ein 25 Kilometer entferntes Stadion kommen können, wenn nicht der Vater meines Freundes den am Samstag ohnehin nicht benutzten Lkw als Transportmittel zur Verfügung gestellt hätte? Da saßen wir dann einfach hinten auf der Ladefläche und hatten unseren Spaß an diesem Luxus. Der Vater tat's einfach, weil er ein bisschen sportverrückt war.

Er war auch derjenige, der uns nach einem Spielerfolg überraschend einen ganzen Satz Trikots schenkte. Weil er nicht mehr mit ansehen wollte, wie wir, eine Mannschaft aus einer Arbeitersiedlung, daherkamen. Unsere Vereinsfarben waren Schwarz-Gelb. Die schwarze Hose hatte in irgendeiner Form jeder, aber das Hemd? Der eine Junge hatte einen gelben Pullover an, der andere die gelbe Hemdbluse seiner Schwester. Die Schuhe, das waren nicht immer Sportschuhe, sondern ganz normale Straßenschuhe, die man überall anziehen konnte. Das optische Erscheinungsbild unserer Mannschaft war nachkriegsbedingt nicht besonders edel.

Der Fußball lockte uns Kinder. Straßenmannschaften spielten gegeneinander um Sieg und Anerkennung.

Erlangten den Status von Nationalhelden:
Sepp Herberger und Fritz Walter (rechts).

Der erste große Deutsche

Es war der Sieg bei der Fußballweltmeisterschaft des Jahres 1954, der einer ganzen Nation neues Selbstbewusstsein gab. Deutschland gewann im ausverkauften Berner Wankdorfstadion mit 3:2 Toren gegen die hoch favorisierten Ungarn. Die waren schon in der Vorrunde auf Deutschland getroffen und hatten mit 8:3 gewonnen. Der trickreiche deutsche Nationaltrainer Josef Herberger († 1977), der nur „Sepp" genannt wurde, hatte fünf seiner wichtigsten Spieler nicht auflaufen lassen, um sie zu schonen. Er wurde daraufhin geschmäht und später bejubelt. Er war der erste ganz große Deutsche der Nachkriegszeit. Der überraschende Titelgewinn verlieh dem nationalen Selbstwertgefühl der westdeutschen Nachkriegsgesellschaft einen enormen Auftrieb. Die Triumphfahrt der Mannschaft durch München wurde zur bis dato größten Massenveranstaltung in der Bundesrepublik. Trainer Sepp Herberger und Kapitän Fritz Walter erlangten den Status von Nationalhelden.

Musik und Lebenskultur

Die Deutschen wandten sich zunehmend auch wieder dem Vergnügen zu. 1953 explodierte das Musikangebot. In der Hitliste des Jahres stand Bibi Johns mit „Bella Bimba“ ganz oben, und Eddie Fisher landete mit „Oh! My Pa-pa“ eine Hymne, die noch im selben Jahr ins Deutsche übersetzt wurde und lange Zeit Ohrwurm der Nation war. Auch wusste Peter Alexander, dass „Die süßesten Früchte“ nur von großen Tieren gefressen werden. Er traf damit den Zeitgeist. Weil sich viele Menschen zu wundern begannen, was sich nur acht Jahre nach dem verheerenden Krieg einige wenige schon wieder leisten konnten. Große Nachkriegsinterpreten waren Rudi Schuricke („Dreh Dich noch einmal um“) und für Ältere der Tenor Willy Schneider, der empfahl: „Schütt' die Sorgen in ein Gläschen Wein“.

Aufbruchsstimmung in der Musikindustrie. Monatlich neue Schlager und neue Namen von Sängerinnen und Sängern, die später teilweise mit naiven Titeln eine große Karriere machten: beispielsweise Peter Alexander, Caterina Valente oder Friedel Hensch und die Cyprys. Bully Buhlan („Es liegt was in der Luft“) schuf während der Berlin-Blockade mit „Ich hab' noch einen Koffer in Berlin“ einen Titel, der in den Sprachgebrauch einging.

Zu den unvergessenen Sängern der 50er-Jahre gehört auch Dean Martin, der „Memories are Made of This" sang und damit dem englischsprachigen Lied eine Bresche auf dem deutschen Markt schlug, der sich zunächst von ausländischen Einflüssen abkapselte.

Mitte der 50er-Jahre veränderte sich die Musik. Alice Babs, Angèle Durand, Bruce Low und Caterina Valente etablierten sich in der Hitparade, aber auch ein für die damaligen Verhältnisse seltsamer Musiker namens Bill Haley, der mit „Rock Around the Clock“ einen wilden Vorgeschmack auf das gab, was folgen sollte. Justament in jenem Jahr, als ein weiterer Star am westdeutschen Schlagerhimmel mir als 14-Jährigem eine seltsame Sehnsucht implantierte: Freddy Quinn sang vom „Heimweh“, und das Volk fühlte mit.

Mein Freund im Lloyd – kaum zu glauben

Der sonntägliche Kirchgang, der für uns Jungs Pflicht war, hatte an diesem Morgen des Jahres 1954 eine besondere Überraschung: Auf dem Kirchvorplatz, wo man sonst nur Radfahrer sah, rollte plötzlich ein Auto vor – ein Lloyd 400. Und nach einem dicklichen Mann mit Hut schälte sich mit stolzgeschwellter Brust unser Mitschüler Harald aus dem Gefährt heraus. Harald in einem Lloyd? Nicht zu fassen. Autos – sie nahmen damals unangefochten und mit großem Vorsprung den ersten Platz ein in der Interessenskala von uns Jungen.

Der Lloyd: Nachkriegssymbol für mobiles Leben.

Es war zwar nicht gerade der Lloyd, um den sich die Phantasien drehten. Dessen Sammelbilder standen im Gegensatz zu den wuchtigen amerikanischen Limousinen auch nicht besonders hoch im Kurs. Andererseits verkörperte dieser Kleinwagen nach dem Krieg in vielen Familien den Traum von einem mobilen Leben. Weil er mit damaligen Anschaffungskosten von 3334 DM vergleichsweise erschwinglich war. Wobei ein Arbeiter 1955 allerdings auch nur gerade mal auf einen Monatslohn von 181 DM kam.

Es war ein kurioses Auto: Die Karosserie bestand aus Sperrholz und war mit Kunstleder überzogen. So wurde der Wagen, der mit einem Hubraum von 293 ccm eine Leistung von 10 PS entwickelte, „Leukoplastbomber" genannt. Aber: Er hatte schon in der allerersten Version vier Sitze und brachte seine Insassen mit einem gelegentlich qualmenden Dreizylindermotor und einer Höchstgeschwindigkeit von immerhin 75 Stundenkilometer ans Ziel.

„Wer den Tod nicht scheut, fährt Lloyd." „Was steht am Berg und heult? Der Lloyd." Die Gesellschaft formulierte ihren Spott – und fuhr das Auto, das später sogar als Coupé und Cabrio angeboten wurde. 1955 rangierte der Lloyd hinter VW und Opel auf der dritten Stelle der Zulassungsstatistik.

Dreirädrig in die neue Autozukunft

Ein anderes Kuriosum der mobilen Belebung im Nachkriegsdeutschland bestaunten die Menschen 1953 auf dem Genfer Automobil-Salon: der dreirädrige Messerschmitt-Kabinenroller, in dem die beiden Insassen hintereinander saßen und der Fahrer das Gefährt wie ein Motorrad lenkte. 2100 DM kostete das gute Stück, von dem 1955 immerhin 12 000 Exemplare verkauft wurden. Mit 13 PS erreichte 1955 der „Messerschmitt 200 Super“ auf dem Hockenheimring den Geschwindigkeitsrekord von sagenhaften 130 Stundenkilometern.

Kuriosum der mobilen Nachkriegsbelebung: der Messerschmitt-Kabinenroller.

1 000 000 Volkswagen

Unterdessen ist der Volkswagen in den 50er-Jahren das Symbol schlechthin für das aufkeimende Wirtschaftswunder des Kriegsverlierers Deutschland. 1955 lief bereits der 1 000 000. VW Käfer vom Montageband. Zur Verdeutlichung der Situation Anfang der 50er-Jahre: Abgesehen von Lastwagen waren Personenwagen vergleichsweise selten im Stadtbild zu sehen. Wenn trotzdem irgendwo ein Pkw hielt, etwa wenn mein Onkel aus Dortmund mit seinem Buckeltaunus von Ford vor unserem Hause parkte, war man als Kind unter Gleichen schon wer, nur weil man einen solchen Onkel hatte.

Zum technischen Standard von damals: Der wegen seiner soliden Verarbeitung hoch geschätzte Buckeltaunus, von dem rund 74 000 Exemplare hergestellt worden sind, der damit aber nie an den VW heranreichte, hatte einen Hubraum von 1,2 Litern und brachte es mit 34 PS auf eine Spitzengeschwindigkeit von 105 km/h.

Der Buckeltaunus.

Der Film „Die Halbstarken"

Horst Buchholz, einer der erfolgreichsten deutschen Schauspieler, spielte 1956 mit Karin Baal, der blonden Traumfrau aller Nachkriegsjungen, in dem Film „Halbstarke" – und wurde zum Kult für eine neue, selbstbewusste Generation.

Die Halbstarken widersetzten sich ihren autoritären Elternhäusern, sie kritisierten verkrustete Gesellschaftsstrukturen und provozierten die Obrigkeit. Es gab allerdings auch handgreifliche Auseinandersetzungen, bandenähnliche Verbindungen. Das Symbol der Halbstarken war der Motorroller. Wer als Motorroller-Fahrer damals in sein wollte, hatte am hinteren der beiden Sitze eine Art Antenne, nicht aber für ein Radio, sondern für einen Fuchsschwanz.

James Dean („Giganten") macht die Jeans salonfähig.

Die erste Jeans

Es gibt vermutlich keinen Menschen auf dieser Welt, der nicht zumindest eine Jeans in seinem Kleiderschrank hängen hat.
Obwohl: Der Siegeszug dieses Kleidungsstückes war in Deutschland ein eher seltsamer. Denn Jeans waren Anfang der 50er-Jahre nichts anderes als Arme-Leute-Hosen. Schüler, die Jeans trugen, wurden mit Mitleid bestraft.

Und doch: Als 1956 das Jugendidol James Dean mit seinem letzten Film „Giganten", in dem damalige Schauspiel-Supergrößen wie Liz Taylor und Rock Hudson mitspielten, in Jeans die Leinwände betrat, wurden Jeans in Deutschland sozusagen salonfähig. Sie rückten aus den versteckten Kaufhaus-Abteilungen, wo es ausschließlich Arbeiterkleidung zu kaufen gab, zögerlich sogar in die Schaufenster. Bequemer wurden sie dadurch nicht. Die ersten Jeans wurden aus einem kratzigen Stoff zusammengenäht, mit Nieten, deren Löcher oft rissen. Und eine neue Jeans war erst gebrauchsfertig, nachdem sie wenigstens einmal gewaschen worden war, weil der Stoff ungeheuer ausfärbte. Mädchen legten sich samt Jeans in die Badewanne, damit die Hosen hauteng einlaufen sollten. Es gab in den 50er-Jahren eine Inflation von Tipps für die Behandlung von Jeans, die im Prinzip niemand so wollte, wie er sie gekauft hatte.

Petticoat und Nylonstrümpfe

Geradezu revolutionär empfundene Modesignale der Zeit: Petticoat und Nylonstrümpfe. Der Petticoat signalisierte erste Ansätze sexueller Befreiung, schrieben später die Gesellschaftsforscher. Die Älteren schüttelten den Kopf, wenn Mädchen mit weit ausgestellten Röcken auf dem Rücksitz eines Motorrollers zu einer Tanzveranstaltung fuhren – zum Rock 'n' Roll, der auf einen Schlag die Jugend eroberte.

Die Kiste kommt

Bäcker Terlinden, in unmittelbarer Nachbarschaft von Onkel und Tante, war der Erste. Der Erste, von dem wir wussten, dass er einen Fernsehapparat hatte. Und jemand, der uns Kinder an der neuen Erlebniswelt teilhaben ließ. Es muss so um 1955 herum gewesen sein. Nach offizieller Statistik gab es damals in Deutschland 200 000 angemeldete TV-Geräte. Die Chronisten sprechen von zwei Schlüsselereignissen, die dem Fernsehen mächtig Starthilfe gegeben haben sollen: die erste internationale Direktübertragung der Krönungsfeierlichkeiten für Elisabeth II. am 2. Juni 1953 und ein Jahr später die Fußballweltmeisterschaft in Bern, bei der Deutschland den Titel holte. In Deutschland war das Fernsehen nach zweijährigem Versuchsbetrieb durch den Nordwestdeutschen Rundfunk am 1. Weihnachtstag des Jahres 1952 gestartet. Bäcker Terlinden gehörte zu den Ersten. Und jeden Nachmittag begehrte bei ihm eine ganze Schar von Kindern bittend Einlass – selten vergeblich. Am Nachmittag lief eine 30-minütige Kindersendung. Und die war für uns so etwas wie der Fixpunkt des Tages. Meist schon 30 Minuten vor Sendebeginn, wenn die Mattscheibe nur

Der neue Fernseher – darunter der gelackte Schrank mit den Sammeltassen.

ein rauschendes Schneegestöber zeigte, saßen wir wie Hühner auf der Stange in der guten Stube und warteten mit glutroten Wangen auf die Ereignisse, die da kommen würden.

Der Fernseher erlebte einen Siegeszug. Seine technische Entwicklung war rasant. 1956 kam er auch zu uns nach Hause: ein gelackter Schrank mit Türen, die die Mattscheibe während der betriebslosen Zeit verbargen. Das war damals angesagt. Und auch, dass der Medienkonsument nicht für jeden Dreh am Laut- oder Leiseknopf seinen bequemen Sessel verlassen musste. Dafür gab's eine Fernsteuerung. Es war eine grobe Kiste von erheblichem Ausmaß, die durch eine Schnur mit dem Fernseher verbunden war. Jedenfalls wurde der Fernsehschrank gleich neben dem ebenfalls gelackten Vitrinenschrank aufgestellt. Dem mit den Sammeltassen hinter Glas.

Damit war die Zäsur gesetzt. Fortan war das familiäre Leben ein anderes. Der Fernseher bekam allein durch seine Anwesenheit eine Wichtigkeit, die alles überschattete – nicht nur während der über viele Jahre stark begrenzten Sendezeit. Sie begann am Nachmittag, und irgendwann um Mitternacht herum schickte der öffentlich rechtliche Rundfunk die deutsche Nation ins Bett. Nein, schon über Tag war ein zentrales Thema, was denn wohl das abendliche Programm bringen würde. So traf man sich halt am Abend, um fernzusehen. Letztendlich war das schmale Angebot von nur einem Programm (das ZDF kam erst am 1. April 1963 hinzu) irgendwie auch egal. Es war die Faszination der bewegten Bilder, die auch noch die Nachbarn, die fernsehtechnisch unterentwickelt waren, mit auf die Couch lockten.

Salzstangen und Bier – das war die Ausrüstung für den Fernsehabend. Wer reden wollte, wurde durch ein schroffes „Pssst“ abgemahnt. Allen Ernstes wurde in den 50er- und in den 60er-Jahren als Benimmempfehlung propagiert, nicht nach 20 Uhr anzurufen, weil sich Deutschland nach 20 Uhr der fernsehmedialen Abendunterhaltung hingibt.

Familienstunde vor dem Fernseher

Es gibt Namen, die die Straßen leerten, sobald sie im Fernsehprogramm angekündigt wurden: Ab 1954 lief beispielsweise sechs Jahre lang die Serie „Familie Schölermann“, die die Strickmuster lieferte für viele Serien in den

Schauspieler, Sänger und Fernseh-Unterhalter: Vico Torriani, hier mit Karin Dor in dem Film „Santa Lucia“.

50 Jahren danach: Die ganz profanen Dinge des alltäglichen Lebens sind es eben, die am meisten interessieren.

Oder Peter Frankenfeld. Er gilt als Pionier des deutschen Entertainments, begann seine Karriere noch unter den Bedingungen der nationalsozialistischen Diktatur. In der Nachkriegszeit avancierte er zu einem der beliebtesten Vertreter der deutschen Unterhaltungskultur. Frankenfeld am Samstagabend – das war für die mit Unterhaltung nicht eben verwöhnte, aber hart arbeitende Nachkriegsgeneration der Höhepunkt einer ganzen Woche.

Frankenfeld war nicht allein. Obwohl: Die Schar jener, die im Fernsehen Karriere machten, war damals recht übersichtlich. Mit zu ihnen gehörte ganz sicher Vico Torriani, ein Sänger, der später auch als Moderator von Unterhaltungsspielen am Samstagabend in die Wohnzimmer kam.

Fest im Griff der Kirche

Die Kirche hatte uns Kinder fest im Griff. Religionsunterricht in der Schule war Pflicht. Schulen waren durchgängig konfessionell. Das heißt: Es gab evangelische und katholische Volksschulen, Realschulen und Gymnasien. Ich besuchte eine evangelische Schule. Der Unterricht wurde benotet. Die Religionslehrer waren streng. Im Alter von etwa 13 Jahren gingen evangelische Kinder zusätzlich zur Schule zweimal wöchentlich zum Konfirmandenunterricht in die Kirche. Ein Jahr lang. Zumindest damals war das für uns ein ganz besonderer Lebensabschnitt. Jungs bekamen zur Konfrmation ihren ersten Anzug, Mädchen ein feines Sonntagskleid. Allerdings war zunächst das Büffeln angesagt. Der Pastor ging mit uns die gesamte Bibel durch und ließ zum Test unserer Aufmerksamkeit auch regelmäßig Arbeiten schreiben.

Der sonntägliche Kirchenbesuch war im Jahr vor der Konfirmation natürlich Pflicht. Wer fehlte, hörte schon mal die Drohung, dass er nicht konfirmiert werden würde. Am Ende gab es sogar so etwas wie eine Prüfung. Jeder wollte

Ein neuer Lebensabschnitt: Konfirmation in der evangelischen Kirche.

natürlich konfirmiert werden. Denn damit war ein großes Familienfest verbunden. Die gesamte Verwandtschaft kam und brachte reichlich Geschenke.

Das war auch bei der Ersten Kommunion für katholische Kinder so, ein Fest, das schon im Alter von etwa neun bis zehn Jahren gefeiert wird. Wenn die Kinder das erste Mal in der Kommunion die Eucharistie empfangen, geschieht dies in traditioneller Weise bei einem besonders feierlich gestalteten Gottesdienst in der Anwesenheit der ganzen Familie und der Taufpaten, gewöhnlich am ersten Sonntag nach Ostern, dem Weißen Sonntag. Auch die Vorbereitung zur Ersten Kommunion erfolgte durch Unterricht beim Priester.

Die Lehrzeit – schmerzhafter Bruch mit der Kindheit

Die Schulzeit in der Volksschule betrug acht Jahre, so dass die meisten von uns schon mit 14 Jahren auf Lehrstellensuche gehen mussten. Schwer war das nicht. Die Wirtschaft hatte einen großen Bedarf an Nachwuchs. Wenn das Abschlusszeugnis nicht allzu schlecht geraten war, war das größte Problem, sich für einen Beruf zu entscheiden – der sollte ja auch ein wenig Spaß machen.

Aber mit Spaß war nicht viel in der Lehrzeit: Zumindest im ersten von in der Regel drei Jahren war man der Büttel des Betriebes. Der Lehrling wurde zum Einkaufen für die Gesellen herumgeschickt, fegte den Betriebshof und erledigte vieles mehr, was der Liebe zum Beruf wenig förderlich war. Nur in den großen Firmen mit speziellen gewerblichen Ausbildungswerkstätten war das damals schon anders.

Die Rahmenbedingungen für 14-Jährige waren hart: eine Arbeitszeit von 45 Wochenstunden. Hinzu kamen die Hin- und Rückfahrt zwischen dem Zuhause und dem Betrieb von oft ein bis zwei Stunden, zumeist mit dem Fahrrad.

Als Lehrling bekamen wir eine „Ausbildungsbeihilfe“ von 15 bis 20 DM in der Woche, weil vom Lohn bei dieser Größenordnung nicht wirklich die Rede sein konnte. Der Beginn der Lehrzeit war der teilweise schmerzhafte Bruch mit der Kindheit.

Auf dem Weg zum Erwachsenwerden

Der Muff der Weimarer Republik

Nur Kindern aus wirtschaftlich besser gestellten Familien war der Besuch einer „höheren Schule“ vergönnt. Und es war politisch auch so gewollt: Kinder aus Arbeiterfamilien hatten im Gymnasium nichts verloren. Die Hürde des verlangten Schulgeldes konnten sie oft nicht überwinden. Die Schulpolitik verkörperte die Erziehung der Weimarer Republik: Schule als Drill. Es gab altsprachliche Gymnasien mit Latein als alleiniger Eingangssprache. Und wer Latein nicht mochte, konnte diese Schulen halt nicht besuchen. Es gab Mädchen- und Jungengymnasien, auch Klosterschulen mit Nonnen, die den Unterricht leiteten. Der Muff von 100 Jahren durchwehte das System der schulischen Bildung.

Chronik

11. Januar 1957
Gegen Unruhen und Arbeiterdemonstrationen in Ungarn werden erneut sowjetische Panzer eingesetzt.

25. März 1957
In Rom wird die EWG gegründet.

4. April 1957
Bundeskanzler Konrad Adenauer spricht sich für eine Bewaffnung der Bundeswehr mit Atomwaffen aus.

21. September 1957
Das deutsche Segelschulschiff „Pamir“ sinkt. 80 Tote.

1. November 1957
Der gewaltsame Tod der Prostituierten Rosemarie Nitribitt, der Beziehungen zu prominenten Politikern und Wirtschaftskapitänen nachgesagt wurden, entwickelt sich zum größten Nachkriegsskandal.

30. Juli 1958
Das Bundesverfassungsgericht entscheidet, dass eine Volksbefragung über Atomrüstung nicht zulässig ist, da Angelegenheiten der Verteidigung in die Zuständigkeit des Bundes fallen.

4. Oktober 1958
Der Boxer Bubi Scholz wird Europameister im Mittelgewicht.

Februar 1960
Eine gesamtdeutsche Mannschaft tritt bei den Olympischen Winterspielen in Squaw Valley an und ist mit 16 Goldmedaillen außerordentlich erfolgreich.

21. Juni 1960
Der Deutsche Armin Hary läuft bei einem internationalen Leichtathletiksportfest in Zürich über 100 Meter den damals nicht für möglich gehaltenen Weltrekord von 10,0 sec.

23. Juni 1960
Die Wohnungszwangswirtschaft wird durch ein Gesetz abgeschafft und die freie Marktwirtschaft auch auf diesem Sektor eingeführt.

23. Oktober 1961
Die Firma Lloyd-Motorenwerke ist pleite.

Hula-Hoop als Freizeitspaß und als Abendprogramm in Lokalen.

Rollschuhe mit Unfallautomatik und Talente mit Hüftschwung

Es gab ein neues Hobby: das Rollschuhlaufen. Stunden brachten wir damit auf den Straßen zu. Allerdings war das Gerät ausgesprochen ungenügend konstruiert, Unfälle waren deshalb programmiert. Es handelte sich bei den ersten Rollschuhen um eine Schiene mit vier Rädern, nicht hintereinander, wie heute bei den Inlineskatern, sondern jeweils zwei vorne und zwei hinten, eine Schiene, die mit einem Schlüssel für jede Schuhgröße passend gemacht werden konnte. Dieser Schlüssel diente auch dazu, zwei Klemmbacken an den Schuhsohlen festzudrehen. Lange hielt die Verbindung nie. Und schon lag wieder jemand auf der Nase. Meist hatten wir auch nur Halbschuhe an, die wenig

Stabilität gaben. Trotzdem: Rollschuhlaufen war bei vielen Kindern und Jugendlichen eine große Leidenschaft.

Bei den Mädchen verbreitete sich seit 1957 ein Freizeitspaß wie eine ansteckende Krankheit: das Spiel mit dem Hula-Hoop-Reifen. Durch Hüftschwung wurde der Reifen, der aus Plastik war, in kreisender Bewegung gehalten. Ein Grund für die schnelle Verbreitung des Reifens, der von Amerika nach Deutschland rollte: Er war für jeden erschwinglich, kostete nur ein paar Mark. Es gab Wettbewerbe, Schlager, die den Spaß besangen, und immer neue Rekorde. Besondere Talente schafften 20 Reifen und mehr.

Und dann ging's in die Tanzschule

Ein ganz besonderes Ereignis dieser Jahre war für Mädchen wie Jungen der Abschlussball in der Tanzschule. Mit 14 oder 15 Jahren begann man mit dem Tanzunterricht, aber nicht immer nur des Tanzens wegen, sondern weil die Tanzschule die Gelegenheit bot, das jeweils andere Geschlecht kennen zu lernen. Wobei die ersten Annäherungen auf beiden Seiten von ausgesprochener Schüchternheit geprägt waren.

Der Rock 'n' Roll hatte die Jugend erobert.
In den Tanzschulen ging es eher konservativ zu.

Die Tanzschulen waren sehr konservativ. Sie lehrten Walzer, Foxtrott und andere Tänze, die die meisten Teilnehmer nie mehr wieder tanzten. Der Rock 'n' Roll hatte längst die Jugend erobert. Die Tanzschulen lehrten aber auch, wie tief sich ein Junge zu verbeugen hatte, wenn er ein Mädchen zum Tanz aufforderte. Und Umgangsformen am Tisch gehörten ebenfalls zum Pflichtprogramm. Pflichtkleidung beim Abschlussball, an dem dann auch die Eltern teilnahmen: dunkler Anzug bzw. festliches Kleid bei den Mädchen.

Ein Hund war der erste Astronaut

Der erste Satellit, der im Oktober 1957 als „Sputnik 1" von den Russen auf seinen Weg gebracht wurde, hatte einen Durchmesser von ca. 50 Zentimetern und vier Sendeantennen. Er bewegte sich zwar noch nicht in der geostationären Umlaufbahn, aber sorgte mit seinen Piep-Signalen, die sogar von Radioamateuren empfangen werden konnten, weltweit für Aufsehen. Nur vier Wochen später wurde „Sputnik 2" gestartet, der das erste Lebewesen, nämlich die Hündin Laika, in die Erdumlaufbahn brachte. Sie überlebte die Reise zwar nicht, aber für die Menschheit begann damit das Zeitalter der Besiedelung des Weltraums und auch der Wettstreit zwischen der Sowjetunion und den USA um das All.

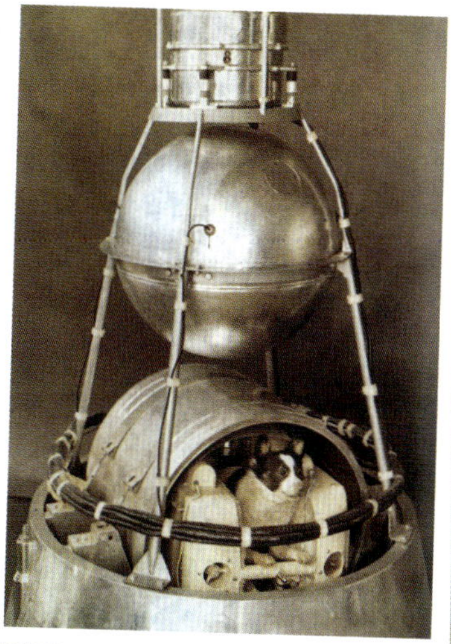

Die Hündin Laika vor dem Start von Sputnik 2.

Ausflüge mit dem Zweimannzelt

Das schönste Erlebnis in dieser Zeit: Campingausflüge am Wochenende. Es hatte etwas von Abenteuer und Expedition, erforderte allerdings Improvisationstalent. Die Campingindustrie kam gerade erst auf Touren. Ein kleines

„Zweimannzelt", in dem man nicht einmal stehen konnte, hatten wir uns irgendwo gebraucht gekauft. Es war schon geflickt. Und wenn es regnete, tropfte es hier und da durch die Leinwand, weil die Imprägnierung gelitten hatte.

Das war uns alles egal. Wir stiegen nach der Schule am Samstag aufs schon gepackte Fahrrad und radelten los. 40, 50 Kilometer weit. Gab es keinen Campingplatz, stellten wir unser Zelt irgendwo auf einer Lichtung im Wald auf und hofften, dass uns der Förster nicht verscheuchte.

Gebrutzelt wurde in einem Topf, der an einem Haken über einem kleinen, von Steinen eingerahmten offenen Holzfeuer hing. Das Ergebnis dieser experimentellen Selbstversorgung hat zwar meist nicht geschmeckt. Aber das Drum und Dran war es, was uns begeisterte.

Abenteuer Camping: anspruchsloser Zeitvertreib mit dem „Zweimannzelt".

Mit dem Bus nach Spanien

Die Deutschen entdeckten in den 50er-Jahren ihre Leidenschaft fürs Reisen. Eine ganze Nation machte sich auf, die Freiheit zu erproben. Mit dem Fahrrad, mit der Bahn, mit dem neuen Auto oder mit dem Autobus. Weil das Fliegen viel zu teuer war, reisten vor allem junge Leute mit dem Autobus über tausende von Kilometern. Beispielsweise nach Italien oder Spanien. Das war ausgesprochen strapaziös. Autobahnen fehlten weitgehend. Wer zwei Wochen Spanien buchte, musste vier Tage für An- und Abreise abziehen. Einschließlich einer Übernachtung in Frankreich. Trotzdem fuhren die Deutschen gerne und in Scharen nach Spanien, wegen der Sonne und der Preise. An der Costa Brava konnten sich die Jünger des Wirtschaftswunders etwas leisten – und sahen auch, wie gut es den Deutschen im Vergleich zu den Spaniern schon wieder ging.

Kaufrausch

Die Einkommen stiegen. Prallvolle Auslagen in den Geschäften. Viele Luxusgüter, die früher kaum erschwinglich waren, wurden durch Massenproduktion billiger und zu weit verbreiteten Gebrauchsgütern. Es gab eine „Fresswelle“. Die beleibte Figur wurde zum Markenzeichen des deutschen Wirtschaftswunders. König Kunde wurde umworben, der Konsum zum Motor der Volkswirtschaft. Das amerikanische Einkaufserlebnis setzte sich auch in Deutschland durch. Und wer finanziell nicht in der Lage war, sich den gewünschten Wohnzimmerschrank, das Fernsehgerät oder aber die Waschmaschine zu leisten, der kaufte halt auf Raten. Man ließ „anschreiben“ beim Lebensmittelhändler, beim Wirt, aber auch bei der Trinkhalle an der Ecke. Und der kleine Möbelschreiner verkaufte auch auf „Teilzahlung“, wie es damals hieß. Per Handschlag. „12-mal 50 Mark, dann ist der Schrank bezahlt.“ Nachgehalten wurde das Geschäft in einer Kladde.

Mode wurde erschwinglich durch Massenproduktion.

Keine Chance für Tante Emma

Die Innenstädte begannen sich zu verändern. Der „Tante-Emma-Laden“ mit kleinem Angebot, wo Zucker, Mehl und anderes nicht in Packungen angeboten, sondern lose in dreieckigen, braunen Tüten über eine breite Theke gereicht wurden, bekam Konkurrenz durch Selbstbedienungsläden. Erst in den größeren Städten, dann aber auch in der Provinz. Die kleinen Geschäfte hatten gegen die großflächigen Supermärkte, die mit deutlich niedrigeren Preisen lockten, keine Chance. Diese Geschäfte, in denen man nicht mit der Einkaufstasche stand, sondern mit einem Einkaufswagen an Regalen vorbeifuhr, schufen eine neue Einkaufskultur. Und in den Großstädten waren es die Warenhäuser, die ein neues Einkaufserlebnis boten.

„Meine Damen und Herren, liebe Neger"

1959, das war das Jahr, in dem John F. Kennedy US-Präsident wurde und Walter Ulbricht den Vorsitz im Staatsrat der DDR übernahm. Bei uns wurde der Sauerländer Heinrich Lübke zum Bundespräsidenten gewählt, der viel Stoff zur Belustigung, aber auch zur Diskussion lieferte. Eine seiner berüchtigten Reden begann mit: „Meine Damen und Herren, liebe Neger ..."

Die goldenen Jahre des Kinos

Die 50er-Jahre waren die Hochzeit des Kinos. Die Lichtspielhäuser, wie sie damals auch genannt wurden, schossen nur so aus dem Boden. In Hamburg gab es Ende 1950 52 Kinos mit fast 30 000 Sitzplätzen. In Dortmund waren es rund 40 000 Plätze in 72 Kinos.

Neue Filme kamen damals mit nur wenigen Kopien auf den Markt und blieben zunächst den Filmtheatern in den Großstädten vorbehalten. Dort liefen sie nicht selten wochenlang.

1959 hatte der Film „La dolce vita" des italienischen Regisseurs Federico Fellini Premiere. Marcello Mastroianni, Anita Ekberg, Lex Barker und Alain Cuny zeigten das süße Leben im Rom der Stars und Sternchen. Auch in Deutschland wurde der Film ein Kassenfüller, denn die Deutschen lernten auf der Welle des wirtschaftlichen Aufschwungs den Luxus mehr und mehr lieben.

Die goldene Zeit der Kinos – sie dauerte nur rund zehn Jahre. Immer mehr Menschen kauften sich ein Fernsehgerät und blieben lieber zu Hause auf ihrem Sofa sitzen.

Eine Flut von Filmen

In den 50er- und 60er-Jahren gab es eine wahre Flut von Filmen, die in die deutschen Kinos spülte. Jahr für Jahr weit über 100 neue. Doch nur wenige blieben in Erinnerung. „Liane, das Mädchen aus dem Urwald" war 1956 eine regelrechte Sensation. Die 16-jährige Marion Michael aus Berlin durfte als Urwaldbewohnerin mit blankem Busen von einem Baum zum anderen springen. Wundersamerweise war der Film trotzdem schon ab zwölf Jahren freigegeben. „Der Zensor hätte die Hauptdarstellerin wohl mit einer Äffin verwechselt und sei eingeschlafen", lautete der Spott von damals. Die männliche Hauptrolle spielte übrigens Hardy Krüger, einer der erfolgreichsten deutschen Schauspieler. Unvergessen auch „Das Wirtshaus im Spessart" (1957), die Geschichte der Comtesse Franziska (Liselotte Pulver), die mitten im Spessart verunglückt, auf der Suche nach einem Nachtquartier in einer Räuberhöhle landet und sich in den Räuberhauptmann verliebt. Oder „Die Brücke am Kwai", ein Kriegsfilm. Er wurde mit sieben Oscars ausgezeichnet. So etwas musste man gesehen haben. Auch den tränenrührenden Film „Die Kraniche ziehen", ein Anti-Kriegsfilm, ein russischer zudem, der den Überfall der deutschen Wehrmacht von 1941 thematisiert. Er wurde 1958 auf den Filmfestspielen in Cannes mit dem großen Preis ausgezeichnet. Das Angebot für ein kinobegeistertes Publikum war vielfältig: Es reichte vom Heimatfilm über den schnell gemachten Musikfilm bis hin zum klassischen Western, der Hochkonjunktur hatte.

1959 kam „Die Brücke" in die Kinos. Sieben Pennäler werden in den letzten Kriegstagen des April 1945 zur Wehrmacht eingezogen. Um sie vor der Front zu schützen, erhalten sie den Befehl, eine strategisch unwichtige Brücke zu verteidigen. Der Film machte den Wahnsinn des Krieges deutlich.

Marion Michael in „Liane – das Mädchen aus dem Urwald".

Die deutschen Kinos experimentierten mit Großleinwänden und neuer Akustik. Passend zu den Monumentalfilmen wie „Ben Hur", der elf Oscars bekam. Der Film mit Charlton Heston und Stephen Boyd war ein Kassenknüller erster Güte und Monate in den großen Stadtkinos ausverkauft. Ebenfalls ein Erfolg dieser Zeit: die in mehreren Teilen verfilmte Geschichte der Buddenbrooks, u. a. mit Liselotte Pulver, Hanns Lothar, Hans Leibelt, Gustav Knuth, Rudolf Platte und Lil Dagover.

Einige Filme von 1961: der Dumas-Klassiker „Der Graf von Monte Christo", „Der Mann, der Liberty Valance erschoß" mit James Stewart, „Frühstück bei Tiffany" mit Audrey Hepburn, „Meuterei auf der Bounty", „Liane, die Tochter des Dschungels" mit Adrian Hoven, Hardy Krüger und Marion Michael.

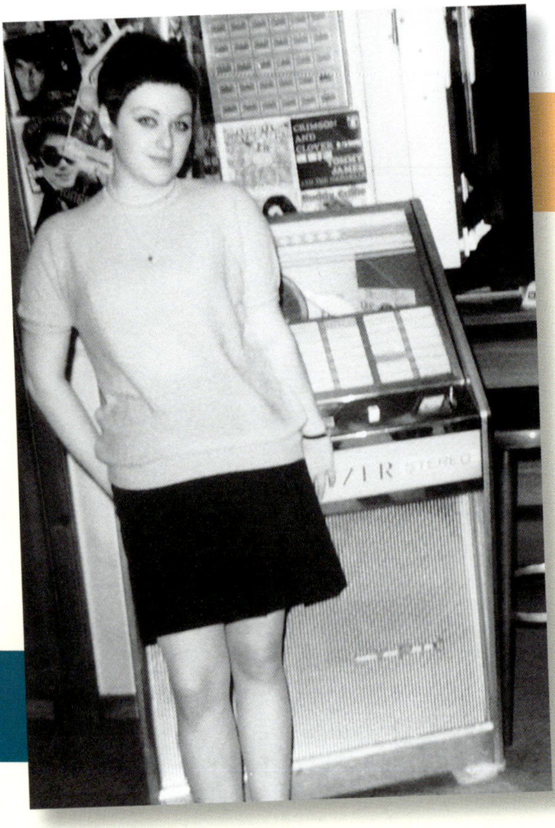

Beliebt bei den Musik-Boxen waren beispielsweise Roy Black und Katja Ebstein, Graham Bonney, die Beatles und natürlich Elvis.

Wein, Bier und Kneipen

Willi Schneider besang den Wein als Tröster bei Sorgen („Schütt' die Sorgen in ein Gläschen Wein"). Und unsere Eltern hörten andächtig zu. Es gab viele Sorgen in diesen Jahren. Wir Jugendliche indes hatten dafür nichts über. Wir liebten den Rock. Beides in Übereinklang zu bringen war unmöglich.

Wein war in den 50er-Jahren ein reichlich teures und exotisches Getränk. Es war dem Geldadel vorbehalten, und der genoss Wein auch nur zu ganz besonderen Anlässen. Der Deutsche trank vor allem Bier. Bier wurde bügelflaschenweise im Lebensmittelgeschäft an der Ecke eingekauft – oder in der Kneipe. Wie es Milch zunächst nicht packungsweise gab und beim Milchhändler in Kannen eingekauft wurde, so trabten wir zur Kneipe, um für den Vater, der mit Freunden in der Gartenlaube saß, in einem großen Behältnis Bier einzukaufen. Viele Gaststätten hatten damals ein kleines Fenster, durch welches das Nebenbeigeschäft mit dem „losen" Bier abgewickelt wurde.

Gaststätten hatten in den 50er-Jahren einen ganz anderen Stellenwert. Sie boten – als der Arbeitstag noch neun Stunden lang dauerte – oftmals die einzige Abwechslung der Woche. Und der Wirt war die Nachrichtenquelle für die ganze Nachbarschaft. Wenn er etwas auf sich hielt, dann hatte er eine Musik-Box. Und die Beliebtheit dieses Gerätes richtete sich nach dem Angebot der aktuellsten Scheiben. Zwei Groschen – ein Musiktitel. Das war damals der Gegenwert für einen Schnaps.

Wir als Jugendliche warteten immer ab, ob die Erwachsenen zur Musik-Box gingen. Und weil uns die Musikrichtung in der Regel nicht gefiel, versuchten wir, Einfluss zu nehmen. Die Erwachsenen wiederum hatten das ganz gerne, weil sie in der verwirrenden Schlagerwelt der 50er-Jahre längst die Orientierung verloren hatten.

Zwei kleine Italiener – Gastarbeiter kommen nach Deutschland

Die Konjunktur in Westdeutschland fuhr weiterhin Hochgeschwindigkeit. 1960 lag die Arbeitslosigkeit bei 1,3 Prozent, obwohl im selben Jahr knapp 200 000 DDR-Bürger „in den Westen machten". Sie hatten überhaupt kein Problem, eine Arbeit zu finden.

So wurde die Idee geboren, Menschen aus dem Ausland anzuwerben, die Gastarbeiter genannt wurden. Im März 1960 wurde eine Vereinbarung mit Spanien und Griechenland getroffen, Vereinbarungen mit Italien und der Türkei folgten. Alles Länder, in denen in weiten Teilen Arbeitslosigkeit und große Armut herrschten. Werber fuhren durch die Länder und kauften zu Kopfgeldern Arbeitskräfte ein. Einzige Voraussetzung: unbedingt gesund mussten sie sein. Ein Arzt war zur Stelle und führte Untersuchungen durch.

1962 trällerte die damals sehr erfolgreiche Schlagersängerin Conny Froboess: „Eine Reise in den Süden ist für andre schick und fein, doch zwei kleine Italiener möchten gern zu Hause sein." Der Titel hielt sich lange in der Hitparade. Der erste italienische Gastarbeiter wurde mit großem Bahnhof begrüßt. Er sprach, wie alle anderen, kein Wort Deutsch. Es ging ja auch nicht um persönliches Wohlbefinden in einem anderen Land; Gastarbeiter sollten einfach arbeiten. Schwere Arbeit leisten, solche auch, für die sich keine deutschen Arbeiter fanden. Straßenreinigung und Müllabfuhr – das waren in den 60er-Jahren Jobs, die fast ausschließlich mit Gastarbeitern besetzt wurden.

Und Gastarbeiter lebten spartanisch. Zehn Personen in zwei Zimmern – keine Seltenheit. Die Zeitungen standen in diesen Jahren voll mit Berichten über Ausländer, die in irgendwelchen Verschlägen wohnten, weil's billig war. Jeder Spargroschen wurde in die Heimat überwiesen. Ein italienischer Gastarbeiter in Deutschland konnte gut und gerne bei spartanischer Lebensführung eine ganze Familie mit acht oder noch mehr Köpfen in Süditalien finanzieren.

Gastarbeiter aus Italien bei ihrer Ankunft in Deutschland.

In Anzügen und mit langen Haaren

Musikalisch waren wir fest in der Hand von Rock-Musikern wie Elvis Presley oder Buddy Holly – aber nur bis etwa 1960. Dann schlichen sich plötzlich andere, harmonischere Töne in die Musikszene ein. Wir hörten Musik von jungen Leuten, die John Lennon, Ringo Starr, Paul McCartney und George

Harrison hießen. In Hamburg, in einem Nachtclub („Star-Club"), traten sie auf. Mit einer Pilz-Frisur und in Anzügen.

Die Beatles – wer interessierte sich schon für sie? Damals waren es wenige. Die Schar der Fans wuchs allerdings explosionsartig – trotz der heftigen Verrisse, die von den Erwachsenen kamen. Viele Hobby-Bands kopierten die Beatles, deren Pilzköpfe zum Modetrend für eine ganze Generation wurden.

Der erste Mensch fliegt um die Erde

Im Jahr 1961 gelang den Russen eine Pioniertat, die über Wochen und Monate nicht nur die Schlagzeilen der Zeitung, sondern auch die Diskussionen insbesondere bei jungen Leuten prägten: Am 12. April starteten sie eine Rakete mit dem Weltraumschiff „Wostok I", in dem Juri Gagarin saß. Als erster Mensch umrundete er die Erde und landete nach 70 Minuten unversehrt. An Schulen und Hochschulen gab's Diskussionsrunden, die den Flug zum Mond beschrieben. Es kursierte aber auch Angst über die Macht der Sowjetunion.

Kann man einen ganzen Staat einmauern?

August 1961: Der herrliche Sonnentag beim Campingurlaub mit Freunden an der See in Holland begann mit einem Paukenschlag. Die deutschen Nachrichten überstürzten sich mit Meldungen über den Aufmarsch von Truppeneinheiten der Volksarmee an der deutsch-deutschen Grenze. Es war der 13. August.

Das Gerücht kursierte, die DDR wolle alle Übergänge zwischen der Bundesrepublik und der DDR dichtmachen. Viel war zuvor spekuliert worden. Rund 2,6 Millionen DDR-Bürger hatten sich seit 1949 in den Westen abgesetzt. Die Gesamtbevölkerung betrug 1960 17,2 Millionen Köpfe. Kein Tag seit Monaten, ohne dass der Kalte Krieg nicht Bestandteil der Medienberichterstattung gewesen wäre. Das lässt abstumpfen.

Dann aber die elektrisierende Meldung vom Mauerbau. „Kann man denn einen ganzen Staat einmauern?", fragten wir uns ratlos. Unsere Ferienfreude

Beim Camping erreichte uns die Nachricht vom Mauerbau.

bekam einen dicken Dämpfer. Es war nichts mehr ausgeschlossen. Auch kein neuer Krieg. Nachdem das Bild in der Zeitung gestanden hatte, wie sich Ost- und West-Panzer an der Grenze gegenüberstanden, führten wir aufgeregte Telefongespräche mit unseren Eltern, die zur Rückkehr rieten. Wir blieben trotzdem, organisierten aber, dass im Wechsel auch in der Nacht die Nachrichten aus dem Kofferradio abgehört wurden – alle zwei Stunden. Für unser Kofferradio kauften wir deshalb Batterien als Vorrat ein.

Damenbesuch nicht gestattet

Im Alter von 17 oder 18 Jahren änderte sich oftmals über Nacht das Freizeitverhalten. Der so wichtige Handballer auf der linken Seite kam plötzlich nicht mehr zum Training und fehlte auch beim alles entscheidenden Spiel. Verlegen gab er seine Erklärung ab: Er war verliebt. In der Tanzschule hatte er eine Freundin kennen gelernt. Jetzt ging er lieber zu ihr oder zum Tanztee.

Es war eine prüde Zeit, die der 50er und frühen 60er. Als wäre eine Freundin oder ein Freund nicht die normalste Sache der Welt, lag der Konflikt mit der Familie nahe: Passt sie oder passt er überhaupt in unsere Familie? Bevor das nicht geklärt war, hielt sich das Elternhaus verschlossen.

Über Sexualität wurde nur hinter vorgehaltener Hand gesprochen. Viele von uns waren noch immer nicht aufgeklärt. Zwar gab es schon die Antibabypille, aber die bekamen zunächst nur verheiratete Frauen: Viele „Kinderehen" waren die Folge. Mit 18 war man aber noch nicht volljährig (erst mit 21). Daher brauchte man zum Heiraten und zum Kinderkriegen die besondere Zustimmung der Eltern und den Segen der örtlichen Kommunalbürokratie.

So war das damals. Alles ein bisschen verlogen, alles ziemlich konservativ. Noch als ich 23 Jahre alt war, gab mir die Vermieterin eines möblierten Zimmers den dringenden Hinweis, dass nach 22 Uhr – auch laut Mietvertrag – Damenbesuch nicht gestattet sei.